DON BOSCO
VERLAG

Cordula Pertler / Eva Reuys

Türkische Wochen – Türk Haftaları

Herzlichen Dank an Sadiye Dölcü
für ihre fachliche und kompetente Beratung.

Bibliografische Information Der Deutschen Bibliothek

Die Deutsche Bibliothek verzeichnet diese Publikation in der Deutschen Nationalbibliografie; detaillierte bibliografische Daten sind im Internet über http://dnb.ddb.de abrufbar.

1. Auflage 2004 / ISBN 3-7698-1486-X

Umschlag, Layout und Illustrationen: Margret Russer
Notensatz: Nikolaus Veeser, Schallstadt
Satz: undercover, Augsburg
Produktion: Don Bosco Grafischer Betrieb, Ensdorf

Gedruckt auf umweltfreundlichem Papier

INHALT

MERHABA!

Kaum ein anderes Land bietet eine solche Vielfalt an Kontrasten wie die Türkei. Man kann sie als ein Land mit zwei Gesichtern bezeichnen. Auf der einen Seite die westlich orientierten Metropolen wie Istanbul, Ankara, Izmir und die Urlaubsorte entlang der Sonnenküste. Auf der anderen Seite das ländliche Anatolien, das an seinen uralten, von Generation zu Generation überlieferten Traditionen festhält. Alle verbindet die Religion des Islam, die das Leben mehr oder minder bestimmt.

Die Türkei lockt Besucher nicht nur mit viel Sonne und einem Urlaub am Meer, sondern auch mit überwältigenden Landschaften, großartigen Bauwerken aus dem Altertum, märchenhaften Moscheen und Palästen. Die Basare sind ein Publikumsmagnet. Es geht bunt und laut zu und es wird mit Eifer gehandelt und gefeilscht. Vielerlei Gerüche machen den Besuch zu einem Fest für die Sinne, wer einmal in einem Basar war, ist beeindruckt und verzaubert von seinem orientalischen Flair. Die Begegnungen mit den Menschen dort sind es, die einen Türkeiurlaub zum unvergesslichen Erlebnis machen. Die Gastfreundschaft der Türken ist geradezu legendär und die türkische Küche ist einfach köstlich.

Um beides zu erleben, muss man nicht ungedingt in die Türkei fahren. Überall bei uns begegnen wir türkischen Bürgern und ihren Familien. In den 60er Jahren suchte man – allen voran in Deutschland – händeringend nach Arbeitskräften. Vor allem die Landbevölkerung Anatoliens folgte diesem Ruf. Als sie in das „gelobte Land" aufbrachen, ließen sie ihre Familien zurück in dem Glauben, nach einigen Jahren mit Ersparnissen zurückzukehren und sich eine neue Existenz aufzubauen. Doch viele blieben hier und holten Frau und Kinder zu sich. Heute leben fast zwei Millionen Türken bereits in der dritten Generation in Deutschland. Ihre Kinder sind hier geboren und aufgewachsen. Die Türkei kennen sie oft nur aus Erzählungen der Eltern oder von Urlaubserinnerungen.

Türkische Kinder verbringen zusammen mit deutschen Kindern und anderen Nationalitäten ihren Alltag in der Kindertagesstätte. Spannend ist es, fremde Kulturen kennen zu lernen und sich dadurch näher zu kommen. Türkische Kinder leben in einem vom Islam geprägten Alltag mit all seinen Traditionen. Zu Hause sprechen sie Türkisch, in der Kindertagesstätte oder in der Schule Deutsch. Die Familie und Kita erleben sie als getrennte Welten.

„Türkische Wochen" im Kindergarten oder Hort können hier Brücken schlagen, Vorurteile abbauen und Gemeinsamkeiten entdecken helfen. Vor allem das gemeinsame Kochen und Genießen türkischer Speisen fördert die Völkerverständigung. Bekanntlich geht ja die Liebe durch den Magen.

Begeben Sie sich mit Ihren Kindern und mit Lena und Lukas auf eine kulinarische Entdeckungsreise in die Türkei.

Wir wünschen Ihnen und den Kindern viel Spaß und Genuss bei den „türkischen Wochen".

Guten Appetit oder auf Türkisch: Afiyet olsun!

Cordula Pertler und Eva Reuys

WIE SIE MIT DIESEM BUCH ARBEITEN KÖNNEN

Wir wollen mit unserem Buch vor allem Erzieherinnen und Erzieher, Lehrer und Lehrerinnen ansprechen, die mit Kindern im Kindergarten- und Grundschulalter leben und arbeiten. Auch Eltern bietet es eine Fundgrube voller Ideen und Möglichkeiten.

In den nachfolgenden Kapiteln geben wir Ihnen viel Stoff für Fantasie und Motivation. Die Angebote sollen Kinder und Erwachsene neugierig machen auf die Menschen in der Türkei und auf die türkischen Mitbürger, die mit uns Tür an Tür wohnen. Vor allem aber möchten wir bewusstes Interesse bei den Kindern dafür wecken, wie diese kochen und was sie genießen. Durch die Auseinandersetzung mit der türkischen Kultur wird den Kindern die Erschließung einer anderen Welt ermöglicht und ihr Horizont erweitert.

In kleinen Geschichten, die durch das Buch führen, können sich Ihre Kinder mit den Figuren „Lena und Lukas“ identifizieren. Die Kinder lauschen den Erzählungen und reisen in ihrer Fantasie mit den beiden an ausgewählte Orte, wo sie Interessantes und Schönes erfahren und erleben. Das weckt bei ihnen eigene Erlebnisse und regt sie dazu an, selbst aktiv zu werden. In den Geschichten wird Wissen auf kindgemäße Weise an die Kinder weitergegeben, das sie dann spielerisch umsetzen. Jede dieser Geschichten ist in sich abgeschlossen, sodass sie von Ihnen, liebe Erzieher/innen, unabhängig voneinander und ohne große Vorbereitung eingesetzt werden können. Die Geschichten sind auch als Informationsträger für Sie, liebe Erzieherinnen und Erzieher, gedacht, damit Sie entsprechende Schwerpunkte setzen können.

Auch beim Backen und Kochen, dem wir das Hauptkapitel widmen, wird auf aktive Weise Wissen über die Türkei vermittelt. Wie „Lena und Lukas“ können Sie mit den Kindern einkaufen gehen und mit Freude unsere türkischen Gerichte kochen. Bei der Zusammenstellung der Rezepte haben wir auf Aspekte gesetzt wie: Beliebtheit bei den Kindern, einfache kindgemäße Herstellung, kostengünstiger Einkauf und frische, wie gesunde Produkte. Die Zutaten für die türkischen Gerichte sind auch bei uns in allen Lebensmittelläden erhältlich, am besten natürlich beim türkischen Lebensmittelhändler.

Zu einem guten Essen gehört auch eine entsprechende Tischkultur, deshalb haben wir für Sie in einem weiteren Kapitel Anregungen zusammengestellt, wie Sie die Esstische und sogar die Räume dem Motto „Türkei“ entsprechend mit den Kindern dekorieren können. Das Genießen der selbst gekochten Spezialitäten wird so zu einem kleinen Festessen.

Die Elternarbeit spielt bei diesem Projekt eine wichtige Rolle, deshalb richten sich unsere Spiele und Aktionen nicht nur an die Kinder, sondern beziehen auch die Eltern aktiv mit ein.

Erkunden Sie mit den Kindern einen türkischen Feinkostladen um die Ecke und entdecken Sie dort außer den fremdartigen Lebensmitteln noch allerhand interessante Gerätschaften, die für einen türkischen Haushalt von Bedeutung sind.

Das Buch gliedert sich in folgende Themenkreise:

- Reiseplanung
- Mini-Sprachkurs
- Lena und Lukas in der Türkei
- Raum- und Tischdeko türkisch
- Einkaufen auf Türkisch
- Türkische Küche mit Rezepten, die Kinder mögen

In jedem Themenkreis finden Sie ausgewählte Spiele und Aktionen. Angebote, die mit einem Pfeil (→) gekennzeichnet sind, werden jeweils an einer anderen Stelle im Buch ausführlicher beschrieben. Unsere Vorschläge richten sich nach dem ganzheitlichen Bildungsansatz, sind beliebig zu kombinieren, austauschbar und zu ergänzen, so dass Sie Ihre Arbeit individuell auf ihre Zielgruppe abstimmen können.

Vielleicht starten Sie sogleich eine Hobbygruppe, eine Projektwoche oder Vorbereitungen für ein türkisches Fest!

TÜRKISCHE LEBENSART UND ESSKULTUR

Freunde, Verwandte und Nachbarn in der Türkei besuchen einander oft. Selbst dem Fremden begegnet man mit großer Gastfreundschaft und lädt ihn zu sich nach Hause ein. Ist der Besuch auch noch so kurz, es werden Getränke, Gebäck und Knabberzeug angeboten. Arme Leute geben, was sie gerade im Haus haben, ein Stück Brot, ein wenig Käse, ein paar Oliven. Es wäre unhöflich, dies als Gast abzulehnen.

Zum Frühstück gibt es zu Tee oder heißer Milch ein Weißbrot, Tomaten, Gurken, Oliven, Schafskäse, Butter, Honig, Marmelade. Mittags genügen meist eine Suppe und die Reste vom Vortag.

Die Hauptmahlzeit des Tages, zu der sich die ganze Familie versammelt, ist das Abendessen. Man unterscheidet bei der türkische Küche zwei Arten von Tafeln: Zum einen die so genannte Raki-Tafel, ein opulentes Festmahl mit zahlreichen kleinen warmen und kalten Vorspeisen und als Getränk den Raki, einen Anisschnaps. Zum anderen die bürgerliche Tafel, die einem Mahl in der Familie entspricht. Sie ist im Unterschied zur Raki-Tafel bei weitem nicht so üppig. Hier verzichtet man auf die vielen Vorspeisen und der Raki als alkoholisches Getränk muss nicht sein.

Verbreitet ist die schöne Sitte, Familie, Freunde und Bekannte zum gemeinsamen Essen in die Wohnung oder das Haus einzuladen. Kinder sind selbstverständlich mit dabei. Niemand käme auf die Idee, einen Babysitter zu engagieren. Alle Gerichte werden frisch zubereitet, die Hausfrau verbringt dann viele Stunden und oft auch den ganzen Tag am Herd, bis alle Speisen fertig sind.

Bevor man das Haus oder die Wohnung betritt, ist es üblich die Straßenschuhe auszuziehen. Pantoffeln in verschiedenen Größen stehen nicht nur für die Bewohner, sondern auch für die Gäste bereit. Die Begrüßung erfolgt stets nach einem bestimmten Ritual. Die Gäste werden mit einem Händedruck und den Worten „Merhaba, Hoş geldiniz“ (Herzlich Willkommen) begrüßt. Gute Freunde und Bekannte küssen sich auf beide Wangen. Betritt ein Älterer den Raum, dann steht der Jüngere auf, küsst dessen Hand und berührt sie mit der Stirn. Der Handkuss drückt auch die Ehrerbietung gegenüber einem Höhergestellten aus. Junge Leute begrüßen sich oft mit „Selam". Üblich sind Fragen nach der Familie, dem gesundheitlichen Befinden und dem Gang der Geschäfte. Ein beliebtes Gastgeschenk sind Süßigkeiten und auch Blumen.

Sind alle Gäste eingetroffen, wird ein Tablett mit Kölnisch Wasser zur Erfrischung gereicht und Bonbons zum Naschen angeboten. Von jungen Leuten erwartet man, dass sie den Älteren respektvoll begegnen, was bedeutet, dass sie nicht reden, bevor sie gefragt werden und sich nicht setzen, bevor es der Ältere getan hat.

Zum Auftakt wird eine Suppe serviert. Zu Beginn oder auch am Ende des Essens wünschen sich alle „Afiyet olsun" (Guten Appetit). Die Frau des Hauses bringt kalte und warme Vorspeisen, auf türkisch „Meze". Sie stellt sie so auf den Tisch, dass sich alle von den Köstlichkeiten bedienen können. Oliven, Schafskäseröllchen, gefüllte Weinblätter, Kichererbsencreme, Hackbällchen, verschiedene Salate und andere Köstlichkeiten verwöhnen den Gaumen. Fladenbrot gehört selbstverständlich zu jedem Essen.

Nach den Vorspeisen reicht man Gemüse, oft kombiniert mit Reis oder Bulgur. An Fleisch wird Huhn, Hammel- oder Lammfleisch bevorzugt. Schweinefleisch isst man aus religiösen Gründen nicht. Es folgen zuckersüße Desserts. Das bekannteste bei uns ist wohl Baklava, ein Blätterteig gefüllt mit Walnüssen, Pistazienkernen oder Mandeln, der durch und durch mit Zuckersirup getränkt ist.

Beliebte Getränke sind stilles Wasser, Ayran, ein Joghurtgetränk, und Limonade.

Zu jeder Raki-Tafel gehört natürlich ein hochprozentiger Raki, ein Anisschnaps, für die Erwachsenen. Mit Wasser verdünnt, wird er milchig trüb und daher auch „Aslansütü" – Löwenmilch – genannt. Mit „Şerefe" – zum Wohlsein – prostet man sich zu.

Zum Abschluss eines Mahls gibt es schwarzen Tee, çay genannt, für die Erwachsenen, Kinder trinken stark verdünnten çay oder Apfeltee. Er wird in kleinen tulpenförmigen Gläsern serviert. Auf Wunsch reicht man türkischen Mokka.

In den Dörfern sitzt man meist zum Essen auf dem Boden. Ein traditioneller türkischer Tisch, sofra genannt, sieht so aus: Auf dem Fußboden wird ein Tuch ausgebreitet, Darauf steht ein großes Tablett, das auf einem kreisförmigen Rahmen oder einem Gestell liegt, damit es die richtige Höhe hat. Auf einem kleineren Tablett in der Nähe stehen Becher, Wasserkannen, Schüsseln mit Speisen und Desserts bereit. Bevor sich alle um die sofra versammeln, wird eine Waschschüssel und eine Kanne Wasser hereingebracht, um sich die Hände zu waschen. Zum Essen bedient sich jeder selbst aus der großen gemeinsamen Servierschüssel, die in der Mitte steht. Für Suppe, Reis und gedünstete Früchte werden Löffel benutzt, andere Speisen isst man mit der Hand oder der Gabel. Tücher liegen bereit, um sich zwischendurch Hände und Mund zu säubern. Nach dem gemeinsamen Mahl und einem abschließenden Dankgebet verlassen alle den Tisch und trinken ihren geliebten çay.

Wer der Gastgeberin ein Kompliment machen möchte, sagt „Elinize sağlik“, was „Gesegnet sei deine Hand“ bedeutet.

Zum Abschied wünscht man sich Allahs Segen „Allaha ısmarladık“, was mit einem „Güle güle“ – Geh mit einem Lächeln – beantwortet wird.

ISLAMISCHE FESTE

Ramadan

Im Islam ist der Monat Ramadan der Monat des Fastens. Es ist eine Zeit der geistigen Erneuerung, in der Muslime versuchen durch Verzicht und Disziplin Gott näher zu kommen. Die Menschen versöhnen sich, helfen einander und bemühen sich um arme Menschen. Der jährliche Termin für den Beginn des Ramadan, in der Türkei „*Ramazan*" genannt, geht auf den arabischen Kalender zurück, der auf dem Mondjahr basiert. Er wird in der islamischen Welt noch immer benutzt, um religiöse Feste zu bestimmen. Das Mondjahr ist ein paar Tage kürzer als das Sonnenjahr und so verschiebt sich der Beginn für das Fasten Jahr für Jahr ein wenig. Während des Ramazan darf von Sonnenaufgang bis Sonnenuntergang nichts gegessen oder getrunken werden; auch alle anderen Genüsse wie Rauchen, Sexualität u.a. sind nicht erlaubt. Noch vor Tagesanbruch wird das Frühstück eingenommen und das Abendessen gibt es erst, wenn die Sonne schon untergegangen ist. Jeder gesunde, erwachsene Muslim ist verpflichtet, diese Regeln einzuhalten. Schwangere Frauen, Kranke, alte Leute und Kinder unter sieben Jahren brauchen nicht zu fasten. Bis zum Eintritt der Pubertät werden Kinder nach und nach an das Fasten herangeführt.

Da im Kindergarten die Kinder noch nicht fasten, hat der Ramazan keine große Auswirkung auf den Alltag dort. Sind mehrere muslimische Kinder in der Gruppe, kann jedoch davon erzählt werden, dass die Familien dieser Kinder zur Zeit fasten um Gott nahe zu sein. Manchen Kindern aus christlichen Familien ist das Fasten, d.h. auch Verzicht üben, ohnehin nicht fremd.

Zuckerfest

Sehnsüchtig wird das Ende des Fastens herbeigesehnt und jeder, ob Jung oder Alt freut sich auf das Zuckerfest, „*Şeker Bayramı*", welches drei Tage dauert. Vor dem Fest wird die Wohnung auf Hochglanz gebracht, Süßes gebacken und für die Kinder neue Kleider und Schuhe gekauft. Am ersten Festtag besuchen die Männer zum Morgengebet die Moschee. Danach wird gefeiert mit gutem Essen und allerlei

Zuckerwerk. Auf der Straße gibt es Kirmes, Straßentheater und Musik. Man besucht Nachbarn und Verwandte und wünscht ihnen alles Gute zum Fest. Dabei küsst man die Hand und hebt sie dann an die Stirn als Zeichen des Respekts. Kinder küssen die Hände der Eltern, die Eltern die der Großeltern, die Schüler die der Lehrer. Kleine Geschenke werden verteilt, das können Süßigkeiten oder auch Geld sein. Gäste werden mit allerlei süßen Backwaren, Tee und Kaffee bewirtet.

Türken, die bei uns leben, können das Fest hierzulande in dieser Form nicht feiern. Die Erwachsenen müssen zur Arbeit, die Kinder zur Schule. Wenn möglich, lässt man sich aber für den ersten Tag des „Şeker Bayramı" beurlauben und die Kinder vom Schulbesuch befreien. Liegt der Termin des Festes in der Ferienzeit, fahren viele Familien in die Heimat, um die Feiertage dort zu verbringen.

Ideen für ein Zuckerfest in der Kita

Vielleicht möchten Sie im Kindergarten oder Hort das Zuckerfest feiern. Es ist ein fröhliches Kinderfest, das allen Kindern gefallen wird. Zudem ist es interessant, einmal ein Fest zu erleben, das viel aussagt über fremde Traditionen. Die Idee, ein Zuckerfest zu feiern, findet mit Sicherheit auch bei muslimischen Eltern Anklang und vielleicht findet sich eine Mutter, die mit den Kindern süßes „Baklava" dafür backt.

Informieren Sie die Kinder darüber, welche Bedeutung das Fest für Muslime hat. Die Kinder erzählen, wie bei ihnen zu Hause gefeiert wird. Es werden auch die Verwandten in der Türkei oder in einem anderen muslimischen Land nicht vergessen. Bereits Tage vor dem Fest basteln die Kinder Glückwunschkarten für Oma und Opa, Onkel und Tante und bringen sie selbst zur Post. Die Räume in der Kita wurden vor dem Fest gemeinsam mit den Kindern dekoriert und verbreiten nun orientalisches Flair. Zum Zuckerfest kommen alle festlich gekleidet. „Bayramınız kutlu olsun" ziert als Glückwunsch in großen bunten Buchstaben die Wände. Das eine oder andere muslimische Kind möchte Sie beglückwünschen und Ihre Hand küssen. Da diese Geste Kindern aus einem anderen Kulturkreis meist fremd ist, kann ein Kind zeigen, wie es die Hand küsst und diese dann zur Stirn führt. Nach alter Tradition wird ein wenig Eau de Cologne zur Erfrischung auf die Hände gegeben. Es riecht auch nach frisch gekochtem Tee und süßem Gebäck, das für die Kinder vorbereitet wurde. Nach gemeinsamen Spielen und Tanz zu türkischer Musik haben alle Appetit auf die leckeren Speisen und Getränke, die auf einem festlich dekorierten Buffet bereit stehen. Bevor alle nach Hause gehen, freuen sich die Kinder über die kleinen Geschenke.

Opferfest

Das Opferfest ist das höchste islamische Fest. Es ist ein ruhiges Familienfest und dauert vier Tage. Anlass zum Fest ist die Geschichte, die auch im Alten Testament erzählt wird, in der Gott Abraham aufforderte, seinen Sohn „Ismail" als Zeichen seines Gehorsams zu opfern. Gott verzichtete jedoch auf das Opfer als er sah, dass Abraham dazu bereit war. Statt seines Sohnes opferte Abraham einen Widder. Zur Erinnerung an die wundersame Errettung Ismaels feiern die Muslime jährlich das Opferfest, in der Türkei *„Kurban Bayramı"* genannt. Es findet zwei Monate und zehn Tage nach dem Zuckerfest statt und dauert vier Tage. Jede Familie, die es sich leisten kann, kauft zum Opferfest einen Widder. Es können sich auch mehrere Familien zusammentun und eine Kuh oder ein Kamel kaufen. Am ersten Tag des „Kurban Bayramı" findet die feierliche Schlachtung nach dem rituellen Pflichtgebet statt. Dazu versammeln sich alle Familienangehörigen vor dem Haus oder im Garten. Die Familie behält jedoch nicht das gesamte Fleisch für sich, sondern verschenkt einen Teil an Nachbarn und Leute, die sich kein Opfertier leisten können. Das gemeinsame Festmahl ist der eigentliche Höhepunkt des „Kurban Bayramı". Während der Feiertage besucht man sich gegenseitig und es gibt Geschenke für alle. An den Festtagen gedenkt man auch der Verstorbenen und geht auf die Friedhöfe. Fromme Musline bringen finanzielle Opfer für arme Familien, Behinderte oder karitative Einrichtungen.

Wie beim Zuckerfest wünschen sich viele Familien, die in Deutschland leben, das „Kurban Bayramı" in der Türkei zu feiern. Wenn möglich, reisen sie dort hin und besuchen ihre Freunde und Verwandten.

1. URLAUBSTRÄUME VON DER TÜRKEI

Ein heimlicher Plan

Einstimmung
Stellen Sie den Kindern Lena und Lukas anhand der Illustrationen auf dem Titel und im Buch vor und leiten Sie mit ein paar Sätzen zur folgenden Geschichte über.

Erzählung
„Lena ist dir eigentlich schon aufgefallen, dass unsere Eltern in der letzten Zeit sehr geheimnisvoll tun?“, fragt Lukas seine jüngere Schwester. „Ja, genau, wo du das sagst, – als ich eben in die Küche kam, haben sie

sofort aufgehört zu reden“, erwidert Lena. Etwas später trifft sich die Familie zum sonntäglichen Abendessen am großen Tisch im Esszimmer. Die Eltern sprühen nur so vor guter Laune. „Jetzt ist es höchste Zeit, euch mit unseren Ferienplänen zu überraschen. Wie ich euch beide kenne, habt ihr uns sowieso schon belauscht“, sagt Papa zu den beiden Geschwistern und strahlt dabei übers ganze Gesicht. „Wäre gut, wenn der Esstisch abgeräumt ist, bis ich wieder zurück bin“, sagt er, steht auf und geht in sein Arbeitszimmer. So flink wie selten, helfen Lena und Lukas beim Abräumen. Als Papa mit seinem Aktenkoffer zurückkommt, ist der Tisch sogar schon abgewischt. „Mach es doch nicht so spannend“, sagt Mama zu Papa, der sehr langsam seinen Aktenkoffer öffnet und wie ein Zauberer einen Reisekatalog hervorholt. „Kinder wir fliegen diesen Sommer in die Türkei!“, teilt er stolz mit. Hastig reißt ihm Lukas den Katalog aus der Hand. „Fliegen, hast du gesagt, fliegen, Papa!“, ruft Lukas erstaunt. Lena steckt ihren Kopf durch Lukas Arme, damit sie auch einen Blick in den Katalog werfen kann. Denn Lukas will ihn erst gar nicht mehr aus der Hand geben, so begeistert ist er von der Idee mit dem Flugzeug in die Ferien zu fliegen. „Ich möchte in diesem Hotel mit den vielen Türmchen Ferien machen, das sieht aus wie ein Märchenschloss!“, ruft Lena. – „Genau in diesem Hotel mit den vielen Türmchen werden wir wohnen,“ bestätigt Mama voller Vorfreude. Lukas liest aus dem Katalog vor, was das Hotel alles zu bieten hat. Papa zeigt im Text auf die vier Sterne, die das Hotel hat und sagt: „Das bedeutet, dass es ein besonders gutes Hotel ist.“ Lukas interessiert sich sehr für Flugzeuge und so möchte er auch ein Foto davon sehen. Er stellt Fragen über Fragen was das Fliegen betrifft, die Papa erst einmal gar nicht beantworten kann. „Wozu haben wir einen Computer und einen Internetanschluss“, sagt Papa und steht auf. Während sich Mama und Lena die weiteren Bilder im Katalog anschauen, geht Papa mit Lukas ins Arbeitszimmer und schaltet den Computer ein. Die beiden finden im Internet alle Antworten auf Lukas Fragen, die das Fliegen und das Flugzeug selbst betreffen. Sogar ein genauer Sitzplan der Maschine wird am Bildschirm gezeigt. Papa druckt die Informationen aus und zeigt sie Mama und Lena. Voller Begeisterung ruft Lukas: „Ich möchte unbedingt am Fenster sitzen, damit ich alles gut sehen kann!“ Lena möchte das natürlich auch. Mama schlägt vor: „Wenn wir etwas mehr Geld bezahlen, dann können wir die Plätze vorbestellen oder reservieren, wie man sagt. Die Kinder könnten dann jeweils am Fenster sitzen und einer von uns daneben, ich zum Beispiel neben Lena und Papa neben Lukas“. Dabei schaut sie ihren Mann mit großen, bittenden Augen an. „Ja, ja eigentlich sollten wir uns das leisten, da es für die Kinder der erste Flug in ihrem Leben ist. Außerdem ist in ihrem Alter der Reisepreis noch nicht so teuer, wie für uns Erwachsene.“ Papa zieht dabei die Augenbrauen hoch und man kann ihm förmlich ansehen, wie er in seinem Kopf hin und her rechnet. „Also abgemacht!“, ruft Lukas und klatscht dabei Papa in die Hände, so wie er es immer tut, wenn er mit ihm etwas Wichtiges vereinbart.

Die Kinder beschäftigen die verschiedensten Gedanken zur Sommerreise in die Türkei. Lena sagt etwas besorgt: „Aber wir können doch gar kein Türkisch. Die türkischen Kinder bei uns in der Kita sprechen ganz anders. Wenn Ayşe sich mit Sadiye unterhält, verstehe ich kein Wort. Sie essen auch ganz andere Sachen als wir. Ich habe gesehen, dass sie zum Frühstück Oliven dabei haben.“ Mama versucht Lena zu beruhigen: „Bis zu unserer Reise haben wir noch viel Zeit, jetzt ist es erst Frühling, bis zum Sommer können wir uns noch über alles Wichtige informieren und sogar einige Worte Türkisch lernen. – Glaubt mir, Kinder, in der Türkei ist es wirklich wunderschön und die Menschen dort tun alles dafür, dass sich ihre Gäste wohlfühlen, Gastfreundschaft, nennt man das. Ich weiß das noch sehr gut“ fügt Mama hinzu, „als Papa und ich noch sehr jung waren, haben wir in der Türkei schon einmal Urlaub gemacht.“ – „Ohne uns?“, fragt Lena ganz entsetzt und Lukas entgegnet: „Natürlich ohne uns, wir waren da doch noch nicht auf der Welt.“ – „Ja so ist es und jetzt wollen wir natürlich auch einmal mit euch dort hinfliegen. Ihr müsst aber noch wissen, damals fuhren wir die ganze weite Strecke mit unserem alten Auto, das ihr von Fotos kennt. Wir waren Tage lang unterwegs und gewohnt haben wir in kleinen Pensionen auf dem Land. Solche märchenhafte Hotels gab es damals noch nicht.“ Papa zeigt den Kindern im Atlas mit dem Finger die Strecke, die sie damals gefahren sind und die kürzere Flugstrecke über die Berge und Täler, über Flüsse und Seen, bis hin zum

Meer. „Mit dem Flugzeug wird die Reise natürlich viel kürzer." erklärt er. Lukas faltet geschickt aus einem Blatt Papier einen Flieger und lässt ihn durchs Zimmer sausen. „Das war der Sitzplan!", schreit Lena. „Du hast aus dem Sitzplan einen Flieger gebastelt!" – „Ist doch nicht so schlimm, ich drucke euch, wenn ihr wollt, gleich noch mehrere Pläne aus", beschwichtigt Papa. Lena bekommt ihren eigenen Plan vom Flugzeug und schreibt sich gleich ihren Namen darauf. Auch zeichnet sie sich in die erste Sitzreihe auf den Platz am Fenster. „Mir scheint, es ist das Malfieber ausgebrochen", schmunzelt Mama, als Lukas die Eltern, den Piloten und die Stewardessen auf seinen Plan malt. Auch an das Reisegepäck haben sie gedacht, denn Papa hat ihnen erklärt, dass man kleine Taschen in den Klappen über den Sitzreihen verstauen kann und die Koffer in den Bauch des Flugzeuges geladen werden. „Kinder es ist spät" unterbricht Mama in ernstem Ton die Malaktion von Lena und Lukas. „Ihr könnt morgen und übermorgen und all die nächsten Tage weitermalen", vertröstet sie ihre Kinder. „Ok, ok!" sagen Lena und Lukas wie aus einem Munde. „Aber aufräumen müssen wir schon noch?", fragt Lena und Lukas will unbedingt noch seine Idee in die Tat umsetzen: „Ich werde noch schnell die Bilder über mein Bett hängen, damit ich schon vom Fliegen träumen kann."

Reisevorbereitungen

Einstimmung
Die Kinder versammeln sich um einen Tisch, der mit einer türkischen Tischdecke oder mit einem Spitzendeckchen dekoriert ist. Auf einem Tablett stehen türkische Teegläser, aus denen Sie am Ende der Geschichte mit den Kindern Tee trinken.

Überreichen Sie den Kindern eine Tasche, gefüllt mit Bildbänden und Reisekatalogen über die Türkei. Mit Neugierde packen die Kinder aus. Dann zeigen Sie einzelne ausgewählte Bilder und lassen die Kinder dazu erzählen. Sicher wissen sie auch noch einiges über die vorangegangene Geschichte von Lena und Lukas zu berichten. Danach leiten Sie zur nächsten über.

Erzählung

In den nächsten Tagen dreht sich in der Familie alles um die Ferienreise in die Türkei, obwohl es noch Monate dauert, bis es soweit ist. Papa findet im Fernsehprogramm einen Reisebericht über die Türkei und nimmt ihn auf Video auf. Mama, Lena und Lukas gehen in die Bücherei und suchen nach Bildbänden über die Türkei, auch nach Sprachführern. Sie leihen einen ganzen Stapel an Büchern und Heften aus. Die Bibliothekarin weist Mama noch auf eine Videoreihe hin. „Hiermit bekommen Sie einen sehr schönen Einblick in das Land", sagt sie freundlich. „Vielen Dank!", sagt Mama und Lukas packt die Videos in die schon ziemlich volle Tasche. Auf dem Nachhauseweg wechseln sich Sonne und Schneetreiben ab. „Wie schön es ist, jetzt schon an den heißen Sommer denken zu können", sagt Mama und Lukas überlegt: „Wie sagt Papa immer: Vorfreude ist die schönste Freude." Zu Hause kocht Mama einen heißen Tee und gießt ihn, zur Überraschung der Kinder, nicht in die üblichen Teetassen, sondern in kleine türkische Teegläser. „Diese habe ich vor Jahren aus unserem Türkeiurlaub mitgebracht und dort heißt der Tee çay", erklärt Mama. Bei Plätzchen und Tee wühlen sie sich gemütlich durch den Stapel von Büchern. „Ich wusste nicht, dass es in der Türkei so schön ist!" ruft Lena ganz entzückt beim Betrachten der Fotos in den Bildbänden. „Warte ab, wenn wir erst einmal dort sind", sagt Mama mit einem ahnungsvollen Lächeln und gießt jedem Tee nach. „So Kinder, ich habe noch viel zu tun, aber am Abend können wir mit Papa die Videos anschauen. – Und wenn ihr mir etwas bei der Arbeit zur Hand gehen würdet, hätte ich Zeit, nach dem alten Fotoalbum zu suchen, Ihr wisst schon, das aus der Zeit, wo ihr noch nicht auf der Welt ward und wir ohne euch verreisen mussten", sagt sie mit einem Lächeln. Mama legt zur Hausarbeit eine CD mit türkischer Musik auf und mit Hilfe von Lukas und Lena geht alles sehr flott von der Hand.

TIPPS

Angeregt durch die Geschichten von Lena und Lukas erinnern sich die Kinder an ihre eigenen Reisevorbereitungen mit den Eltern. Da die Türkei nach wie vor ein beliebtes Urlaubsziel ist, haben wahrscheinlich schon einige Kinder aus Ihrer Gruppe die Ferien dort verbracht. Türkische Kinder kennen das Land auch von gelegentlichen Verwandtenbesuchen und so können gar manche stolz von ihren ersten Flugerfahrungen berichten. Es kann sein, dass eines Ihrer Kinder in diesem Land geboren ist und die ersten Lebensjahre dort verbrachte, bis es dann zu uns gekommen ist. In der Geschichte von Lena und Lukas erfahren die Kinder, dass eine Flugreise genauester Planung und Vorbereitung bedarf und man nicht früh genug damit anfangen kann. Die Zeit bis zur Abreise nützt die Familie mit einer intensiven Einstimmung auf das Land. Dabei hören die Kita-Kinder, dass man in Bildbänden schmökern kann und es in Fernsehsendungen, auf ausgeliehenen Videos, Interessantes und Schönes über die Türkei zu erfahren gibt. Typische türkische Gegenstände und Souvenirs vom letzten Urlaub zeugen von Traditionen und Brauchtum und schmücken zur Einstimmung die Kita-Räume. Fragen Sie Kollegen, Kinder und Eltern, vor allem die türkischen, ob sie einen Gebetsteppich, ein Amulett, türkische Teegläser auf einem Tablett und Sonstiges für die „Türkischen Wochen“ ausleihen können. Bei einem Gespräch erfahren die Kinder, welche Bedeutung das jeweilige Stück im Alltag der türkischen Familien hat. Ist das Interesse am Land erst einmal geweckt, wollen die Kinder mehr darüber wissen. Eifrig wälzen sie Türkei-Kataloge und bestaunen die großen Hotels und schönen Landschaften darin. Lena und Lukas genießen mit ihren Eltern die Ferien in einem Familienhotel, wo sie sich wie in einem Schlaraffenland fühlen. Eine mit Legematerial nachgebildete Landschaft verdeutlicht den Kita-Kindern die Lage des

Landes am Meer und die Zugehörigkeit zu zwei Kontinenten (Europa und Asien). Viel Spaß verspricht die Quizrunde für Eltern und Kinder, wo jeder sein Wissen einbringen kann und auf das Thema aktiv eingestimmt wird. Natürlich darf auch das Gestalten einer türkischen Flagge nicht fehlen.

Interessantes Material über das Land erhalten Sie auch im türkischen Konsulat, im Fremdenverkehrsamt sowie in Reisebüros.

SPIELE UND AKTIONEN

Gespräch: Typisches aus der Türkei

Das braucht man

Typische türkische Gegenstände wie: Gebetsteppich, eine Ausgabe des Koran, eine blaue Perle, mit der Abbildung eines Auges, ein türkisches Kopftuch, tulpenförmige Teegläser, ein Mokkakännchen oder Cezve (langstieliger Topf), ein türkisches Nudelholz, genannt „Oklava", Süßigkeiten wie Helva, bei uns als türkischer Honig bekannt, Knabbereien wie Kichererbsen, Sonnenblumen- und Kürbiskerne, allerlei Gewürze, ein Beschneidungskostüm, ein Minibrautkleid für Mädchen, Kölnisch Wasser, ein Samovar

Ablauf

Legen Sie die Gegenstände oder eine Auswahl davon und die Köstlichkeiten in einen Koffer und stellen Sie diesen in die Mitte des Gesprächskreises. Bevor der Koffer geöffnet wird, erzählen Sie den Kindern, dass alle Dinge, die sich darin befinden, im Alltag der Türken ganz wichtig sind. Stück für Stück wird nun hervorgeholt und besprochen. Vor allem die türkischen Kinder berichten, was sie darüber wissen oder demonstrieren beispielsweise, wie auf dem Teppich gebetet wird. Natürlich darf von den Süßigkeiten und dem Knabberzeug auch ein wenig genascht werden. Nach dieser interessanten Gesprächsrunde dekorieren die Kinder einige Gegenstände in einem ihrer Spielbereiche und machen ihn so zu einer Türkei-Ecke.

Das Wichtigste in Kürze:

Gebetsteppich: Wenn möglich, soll ein Muslim fünfmal am Tag in Richtung Mekka beten, so wie es der Koran vorschreibt. Dies kann an jedem sauberen Ort geschehen, in einer Moschee oder auf einem Gebetsteppich. Sein Dekor zeigt den stilisierten Umriss einer Gebetsnische, Mihrab genannt. Beim Gebet nehmen Muslime verschiedene Haltungen ein: Sie stehen, verbeugen sich, werfen sich zu Boden, setzen sich, stehen wieder auf.

Koran: Für Muslime ist der Koran das heilige Buch. Sie glauben daran, dass Gott sich durch einen Engel dem Propheten Mohammed mitgeteilt hat. Diese Offenbarungen sind im Koran aufgezeichnet und enthalten Aussagen über den Glauben, Anweisungen für den Gottesdienst, das Fasten, Gesetzestexte, Gebete und Geschichten.

Talisman – Blaues Auge: Die meisten Orientalen sind sehr abergläubisch. Das Tragen einer blauen Perle, mit der Abbildung eines Auges, schützt angeblich vor dem bösen Blick der Mitmenschen. Der Talisman befindet sich meist seit Generationen in der Familie.

Kopftuch: Wenn muslimische Frauen ein Kopftuch tragen, tun sie dies aus religiöser Überzeugung oder aus Tradition oder Gewohnheit. In ländlichen Gegenden ist es stärker verbreitet als in Städten. Die Kopftücher sind unifarben aber auch bunt gemustert und haben einen Fransen- oder Perlenrand. Sie werden auf unterschiedliche Weise gebunden.

Teegläser: Der türkische Tee, çay genannt, ist das Nationalgetränk. Die „Tulpenform“ erleichtert es, das heiße Glas anzufassen.

Mokkakännchen oder langstieliges Töpfchen („Cezve“): Türkischer Kaffee, „Kahve“ genannt, ist teuer und wird nur zu besonderen Gelegenheiten ausgeschenkt. Das Kaffeepulver kocht man mit Wasser und Zucker im langstieligen Topf, „cezve“ genannt, auf, bis der Kaffee schäumend aufsteigt. Dann wird er mit dem Satz in die Tasse gegossen.

Knabberzeug und Süßigkeiten: Leblebi, in der Pfanne geröstete Kichererbsen, Sonnenblumen- und Kürbiskerne sind in der Türkei eine beliebte Knabberei. Beliebte Gastgeschenke sind Lokum, kleine Fruchtgeleewürfel und Pralinen.

Kölnisch Wasser wird den Gästen zur Erfrischung gereicht.

Bildnerisches Gestalten: Flaggen-Collage

Das braucht man

1 roten und 1 weißen Fotokarton (100 x 70 cm), Illustrationen von türkischen Landschaften, Bauwerken, Menschen, typischen Gegenständen aus Zeitschriften, Reisekatalogen, Werbeplakaten (Reisebüro) und von Postkarten, Kleber, Stift, Schere

So wird's gemacht

Die Abbildung einer türkischen Flagge dient als Vorlage für die weitere Gestaltung.

Aus weißem Fotokarton Mond und Stern ausschneiden. Für den Mond einen Kreis von ca. 50 cm Durchmesser aufzeichnen. In den Kreis Mondsichel malen und ausschneiden. Der Mond auf der Flagge ist zunehmend. Für den Stern einen fünfzackigen Stern von ca. 10 cm Durchmesser aufmalen und ausschneiden. Bilder aus Zeitschriften u. Ä. auswählen, ausschneiden oder ausreißen und auf dem roten Fotokarton beliebig anordnen und dann mit Kleber befestigen. Anschließend den Stern und die Mondsichel an passender Stelle gemäß der türkischen Flagge ebenfalls auf die Collage kleben.

Puzzle: Türkei

Das wird gebraucht
Fotokarton (100 x 70 cm), Schere, Kleber, Globus oder Atlas, blaue Plastikplane oder Tuch, Tücher zum Gestalten der Landschaft, Karten zum Beschriften (Ländername, Städte, Orte), Stifte, Permanent-Folienstifte

Das muss man vorbereiten
Übertragen Sie die Landesform auf den Fotokarton, skizzieren Sie darauf die einzelnen Teile für das gewünschte Puzzle und schneiden Sie diese entlang der Linien aus. Der Schwierigkeitsgrad des Puzzles orientiert sich selbstverständlich am Alter und Können der Kinder. Schreiben Sie auf eine größere Karte den Namen des Landes, also „Türkei" und auf kleine Kärtchen Städte wie: Istanbul, Izmir, Ankara und natürlich auch die Orte, woher die Familien der Kinder ursprünglich kommen.

Spielanregung
Die Kinder bilden einen Sitzkreis, in dessen Mitte ein Tisch steht. Auf ihm ist die blaue Plane oder das Tuch ausgebreitet. Fragen Sie die Kinder, woran sie denken, wenn sie das „Blau" sehen. Sicher werden einige Kinder damit Wasser oder Meer in Verbindung bringen. Nun erzählen Sie, dass in diesem weitem Meer ein großer Teil der Türkei liegt. Aufgabe der Kinder ist es nun, aus den vielen Puzzleteilen ein Ganzes zu schaffen. Stück für Stück wird gemeinsam auf der blauen Fläche zusammengesetzt. Nun werden der Globus oder Atlas herbeigeholt und die Kinder machen sich auf die Suche nach dem Land Türkei. Dabei stellen sie fest, dass nicht das gesamte Land am Wasser

liegt und andere Länder daran grenzen. Die Großen finden es vielleicht interessant, dass ein kleiner Zipfel der Türkei zu Europa, der allergößte Teil aber zu Asien gehört. Mit Tüchern gestalten die Kinder eine Landschaft auf der Fläche, wo die Türkei nicht vom Meer begrenzt wird. Zum Abschluss werden noch die beschrifteten Städte- oder Ortskärtchen an die richte Stelle gerückt und damit auch jeder weiß, um welches Land es sich handelt, darf natürlich die Landesflagge nicht fehlen. Wer will, kann auch noch mit Folienstiften die Namen der Meere auf die Folie schreiben oder Karten zu diesem Zweck beschriften.

Variation: Ein „Türkei-Puzzle“ aus Sperrholz ist eine geeignete Sägearbeit für ältere Kinder und strapazierfähiger als das Puzzle aus Karton.

Quizfrage des Tages für die Eltern

Quizshows im Fernsehen sind nach wie vor voll im Trend und Quizspiele und -bücher sind äußerst beliebt. Greifen Sie die allgemeine Begeisterung auf und veranstalten Sie in der Kita Ihre eigene Quizrunde für Eltern und eine eigene für die Kinder.

Fragen dazu können im Team überlegt, aber auch von Eltern beigesteuert werden.

Das wird gebraucht
Plakate im DIN A2 Format, Karteikarten, Edding-Stifte, Schachtel mit Deckel, ein großes Fragezeichen aus Papier

So wird's gemacht
Ein riesiges Fragezeichen an der Dielenwand erweckt erst einmal allgemeine Aufmerksamkeit, dann soll es die Blicke auf die daneben stehende Information in deutscher und in türkischer Sprache lenken. Bitten Sie türkische Eltern darum, das Deutsche ins Türkische zu übersetzen.

„Liebe Eltern, heute beginnt der Start für unser Türkei-Quiz. Jeden Tag gibt es eine neue Frage, wobei nur eine von drei möglichen Antworten richtig ist. Das Lösungswort liegt verborgen in der Schachtel und jeder kann überprüfen, ob er richtig geraten hat! Viel Spaß beim Raten wünscht das Kita-Team!"

Jeden Tag wird eine neue Quizfrage gestellt, die sich auf die Türkei bezieht. Die Frage des Tages und mögliche Antworten werden mit großen Buchstaben auf ein Plakat geschrieben, das neben der Anleitung zur Quizrunde seinen Platz findet. Die Schachtel enthält das jeweilige Lösungswort, das auf eine Karteikarte geschrieben ist und entfernt wird, bevor die nächste Frage folgt.

Beispiele für Fragen
Montag: Die Hauptstadt der Türkei ist?
a) Istanbul, b) Ankara, c) Izmir, (Lösungswort: b)

Dienstag: Was ist das „Goldene Horn"?
a) ein Musikinstrument, b) ein Gebäck, c) eine Meeresbucht (Lösungswort: c)

Mittwoch: Sultan ist ...
a) ein arabischer Herrschertitel, b) eine Musikgruppe c) eine Automarke (Lösungswort: a)

Donnerstag: Ayran ist ...
a) ein Badehaus, b) ein Joghurtgetränk, c) ein türkischer Jungenname (Lösungswort: b)

Freitag: Börek ist ...
a) eine türkische Spezialität, b) eine türkische Stadt, c) ein Getränk (Lösungswort: a)

Variation: Jeder Teilnehmer der Quizrunde schreibt auf einen bereitliegenden Zettel seinen Namen und das vermeintliche Lösungswort, dann wirft er diesen in einen Behälter. Am Ende des Quizspiels, nachdem die falschen Antworten aussortiert wurden, erfolgt die Ziehung der Gewinner und die Verleihung der Preise.

Quizspiel für Kinder

Bieten Sie dieses Spiel erst gegen Ende der „Türkischen Wochen" an, da die Kinder erst Wissen über das Land gesammelt haben müssen und es ihnen dann großen Spaß macht, dieses unter Beweis zu stellen.

Das braucht man
Einen selbst angefertigten Spielplan, verschiedenfarbige Spielfiguren, Zahlenwürfel und Fragekarten

Herstellung des Spiels
Auf einen Fotokarton Spielfelder oder -kreise vom Start bis zum Ziel aufmalen. Einzelne Felder werden mit aufgemalten Fragezeichen zu Ereignisfeldern. Für jedes dieser Felder wird auf jeweils eine Karte eine Frage geschrieben. Der Schwierigkeitsgrad orientiert sich am Alter und Wissen der Kinder. Vieles, was die Kinder bei den Geschichten mit Lena und Lukas oder bei den verschiedenen Aktionen erfahren haben, können sie bei diesem Quiz zum Besten geben.

Spielverlauf
Die Fragekarten gut vermischen und verdeckt auf den Tisch legen. Jedes Kind wählt eine Spielfigur und stellt diese auf das Startfeld. Die höchste Zahl beginnt. Weiter geht es im Uhrzeigersinn. Vorgerückt wird nach der Höhe der Augenzahl. Trifft die Figur auf ein Spielfeld mit Fragezeichen, wird die erste Karte aufgedeckt und die Frage vorgelesen. Kann das betreffende Kind diese beantworten, darf es noch einmal würfeln und entsprechend weiterrücken. Falls es keine richtige Antwort weiß, muss es eine Runde aussetzen. Als Regel kann vereinbart werden, dass für die Beantwortung eine bestimmte Zeit eingehalten werden muss. Sieger ist, wer als erster das Ziel erreicht hat.

Beispielfragen
- Was heißt auf Türkisch „Guten Appetit"?
- Nenne einen türkischen Mädchen- / Jungennamen

- Nenne drei Zutaten, die du für einen Fladenbrotteig brauchst
- Zeige uns, wie man sich auf türkisch begrüßt
- Was schenkt man sich beim Zuckerfest?
- Mit welchem Verkehrsmittel sind Lena und Lukas in die Türkei gereist?
- Was ist ein Basar?
- Wie sieht die türkische Flagge aus?
- Was ist ein cay?
- Nenne eine türkische Süßspeise
- Was tut man, bevor man als Gast eine türkische Wohnung betritt?
- Welches süße Gericht lernt Lena in ihrem Hotel-Kochkurs selbst zu kochen?

Minisprachkurs: Lena und Lukas lernen Türkisch

Einstieg zur Geschichte

Begrüßen Sie heute, bevor Sie mit dieser Geschichte anfangen, die Kinder auf Türkisch: „Günaydın“ (Guten Morgen) oder „İyi günler“ (Guter Tag) und mit „Merhaba Selam!“ was „Hallo, grüß dich!“ bedeutet und immer passt. Vielleicht haben sie türkische Kinder, die ihnen passend antworten und den anderen Kindern Ihre Begrüßung übersetzen. Fragen Sie die Kinder, ob sie diese Sätze auch lernen wollen und leiten Sie zur folgenden Geschichte über, in der Lena und Lukas ganz eifrig Türkisch lernen.

Erzählung

Lena wird von ihrer Mutter in der Kita abgeholt. Schon beim Hinausgehen merkt sie, dass Lena wütend ist. Noch bevor Mutter danach fragen kann, schimpft Lena drauf los: „Du kennst doch Sadiye, meine türkische Freundin, wenn die mit ihrer Freundin Ayşe spielt, verstehe ich kein Wort. Sie sprechen nur noch Türkisch miteinander und ich kann nicht mehr mitmachen." Lenas Mutter runzelt die Stirn und sagt: „Das kann ich schon verstehen, dass du ärgerlich bist, aber so zu schimpfen, das ist auch keine Lösung." – „Ich schimpfe nicht, ich sage das doch nur", jammert Lena und ihre Mutter meint: „Die beiden Mädchen haben es sicher auch nicht leicht, dich immer zu verstehen. Bestimmt sind sie froh, wenn sie einmal in ihrer Sprache reden können. – Aber Moment mal, da fällt mir gerade ein, eure Erzieherin, Frau Herz, hat doch zu Beginn des Kita-Jahres gesagt, dass es einmal „Türkische Wochen" geben soll, wo es Türkisch-Unterricht für alle gibt, für Kinder und Erwachsene. – Morgen früh werde ich Frau Herz gleich fragen, wann es soweit ist." Lena ist begeistert von dieser Idee: „Das ist ja super, ich möchte unbedingt Türkisch lernen, damit ich bei den Mädchen immer mitspielen kann", ruft sie und hüpft dabei vor Freude von einem Bein auf das andere. Zuhause angekommen geht Lenas Mutter gleich zum Bücherregal und holt einen Reiseführer über die Türkei heraus. Sie sucht nach einer bestimmten Seite, die sie schließlich findet. „Sieh mal Lena, hier gibt es einen Minisprachkurs. Wir suchen gleich ein paar Sätze und Redewendungen heraus, die du bis morgen locker lernen kannst. Deine Freundinnen werden Augen machen", sagt sie zu Lena und lächelt ihr aufmunternd zu. „Oh, ja, dann kann ich Ayşe und Sadiye besser verstehen, meint Lena hoffnungsvoll. – „Und ich lerne gleich mit, meine Liebe", sagt Mutter. Dann liest sie vor: „Hier steht, ‚Günaydın', das heißt: ‚Guten Morgen' und ‚Merhaba, Selam', bedeutet ‚Hallo, grüß dich'." „Das klingt ja schön! Morgen werde ich Sadiye und Ayşe gleich so begrüßen", ruft Lena und wiederholt mindestens fünfmal ‚Günaydın' und ‚Merhaba, Selam'. Lenas Mutter kommt dabei auf die Idee: „Ich werde morgen die Eltern von den beiden Mädchen auf Türkisch grüßen, falls ich sie treffe."

Lukas kommt gerade von seinem Fußballtraining zurück und wirft seine Sporttasche in die Ecke. Mutter bemerkt diese Unsitte gar nicht und begrüßt ihren Sohn gleich auf Türkisch. „Was soll das denn?", fragt Lukas etwas verdutzt, denn er versteht kein Wort. „Das ist Türkisch" ruft Lena voller Stolz auf ihr Wissen und Lukas meint: „Ja, das hört sich so an, ist ja cool, aber könnte mir das auch einer übersetzen?" Lena sagt: „Das ist fast babyleicht!“ Dann übersetzt sie und erzählt ihrem Bruder auch gleich von ihrem Vorhaben Türkisch zu lernen. „Aber Moment mal, ‚Günaydın‘ heißt ‚Guten Morgen‘ und jetzt ist es Nachmittag, genauer gesagt, Spätnachmittag“. Die Mutter sieht gleich im Wörterbuch nach, was ‚Nachmittag‘ übersetzt heißt und Lena steckt neugierig ihr Köpfchen rein, obwohl sie noch gar nicht lesen kann. „Oh, das steht hier leider nicht drin, es ist ja auch kein richtiger Sprachkurs“ sagt die Mutter enttäuscht. Aber Lukas meint: „Das werden wir gleich haben, ich rufe Mehmet an, der wird es mir übersetzen.“ Lukas nimmt Mamas Handy und telefoniert lange mit seinem Klassenkameraden. Mehmet ist stolz darauf, Lukas etwas erklären zu können. Lena und Mutter kapieren überhaupt nichts, weil Mehmet leider für sie nicht zu hören ist. Plötzlich darf die Mutter doch noch ans Telefon. Lukas überreicht ihr das Handy und sagt: „Die Mutter von Mehmet will dich sprechen.“ Bei diesem Telefonat lädt sie Lukas und Lena mit Eltern ein, sie einmal zu besuchen, „...dann kann ich ihnen etwas Türkisch beibringen“, sagt sie. Das Wochenende naht und beide Familien freuen sich auf das Treffen. Die türkische Familie hat sich etwas Besonderes ausgedacht, sie wollen den ganzen Abend in zwei Sprachen sprechen, soweit das irgendwie geht natürlich. Zur Begrüßung werden alle Gäste auf die Wange geküsst und umarmt. Dazu sagen sie: „Merhaba! Selam!“ und „Hoș geldiniz“, was so viel heißt wie: „Hallo! Grüß Dich! und „Herzlich willkommen!“ Mehmets Mutter hat herrliche Speisen gekocht und wenn sie diese herumreicht, damit sich jeder bedienen kann, sagt sie: „Lütfen“ was „Bitte“ heißt und der andere bedankt sich mit „Teșekkür ederim“. Lukas meint: „Türkisch lernen, das macht Spaß“ und seine Mutter ergänzt: „Ja und mit diesem wunderbaren türkischen Abend geht das noch viel leichter.“ In den nächsten Tagen begrüßt Lena die türkischen Kinder in der Kita jedes mal mit „Merhaba, Selam!“ – Und Sadiye und Ayșe, die immer etwas früher da sind, warten schon auf Lena, damit sie zusammen spielen und etwas Türkisch sprechen können.

TIPPS

Lena und Lukas haben ihren Spaß daran, Türkisch zu lernen. Das steckt an und stimmt die Kita-Kinder auf den Mini-Sprachkurs ein. Bekanntlich genügen schon ein paar Worte in der Landessprache, um das Gefühl von Fremdsein zu überwinden und Freunde zu gewinnen.

In der Kita gibt es viele Gelegenheiten, den Wortschatz zu erweitern. Die Begrüßung und Verabschiedung auf Türkisch wird während des Türkei-Projekts zum täglichen Ritual und das „Afiyet olsun“ beim Mittagessen zur Selbstverständlichkeit. Auf spielerische Weise lernen die Kinder bei gemeinsamen Aktionen türkische Vokabeln und Redewendungen. Bestimmt sind auch kleine Geschichten, Märchen oder Lieder in türkischer Sprache auf CDs oder Kassetten beliebt. Dabei geht es nicht darum, jedes Wort zu verstehen. Es reicht aus, den Kindern eine kurze Inhaltsangabe zu geben. Dann lauschen sie voller Faszination der Klangfarbe und Sprachmelodie und bald gelingt es den Kindern, die Sprache dem Herkunftsland zuzuordnen.

Vielleicht können Sie türkische Eltern auch zur Mithilfe beim Mini-Sprachkurs gewinnen.

Aussprachehilfe

ı	nur angedeutetes „e“, wie in „bitt**e**n“, „dank**e**n“, Bsp. ırmak
c	wie in „In**ge**nieur“, Bsp. cam
ç	wie in „**Tsch**eche“, „deu**tsch**“, Bsp. çan
h	wie in „Ba**ch**“, „no**ch**“, Bsp. hamam
ğ	„Dehnungs-g“ wird nicht ausgesprochen. Entspricht deutschem Dehnungs-h in „Za**h**n“, Bsp. yağmur
j	wie in „Gara**g**e“, „Lo**g**e“, Bsp. jilet
ş	wie in „**sch**ön“, „Ti**sch**“, Bsp. şeker
v	wie in „**W**asser“, „**V**ioline“, Bsp. vermek
y	wie in „jeder“, Bsp. yok
z	wie in „lesen“, „reisen“, Bsp. deniz

Wörterplakat für Schulkinder

Die Kinder fragen „Was heißt dieses oder jenes Wort auf Türkisch?“ Tag für Tag kommen Vokabeln hinzu, die mit Begeisterung gelernt werden. Türkische Kinder helfen den deutschsprachigen die Worte richtig auszusprechen, was ein wenig Übung verlangt. Damit sich die Wörter einprägen und nicht so schnell vergessen werden, gestalten die Kinder mit Unterstützung der Erwachsenen ein Plakat mit türkischen und deutschen Vokabeln.

Das braucht man
Großes Plakat, Edding-Stifte

So wird’s gemacht
Schreiben Sie an den oberen Rand des Plakates in großen Lettern „Minisprachkurs – Türkisch“ oder „Türkisch sprechen und verstehen ganz einfach“.

Eifrig notieren die Kinder einige Worte oder Redewendungen, die im alltäglichen Umgang miteinander wichtig sind.

Ja/Nein	Evet/Hayır
Bitte/Danke	Lütfen/Teşekkür ederim
Guten Morgen	Günaydın
Guten Tag	İyi günler
Hallo! Grüß dich!	Merhaba! Selam!
Herzlich willkommen	Hoş geldiniz
Wie geht es dir?	Nasılsın?
Auf Wiedersehen	Allaha ısmarladık
Wie ist dein Name?	Adınız nedir?
Mein Name ist ...	İsmim ...
Guten Appetit	Afiyet olsun

Zahlen: bir- eins, iki – zwei, üç – drei, dört – vier, beş – fünf, altı – sechs, yedi – sieben, sekiz – acht, dokuz – neun, on – zehn

Wer ist heute da?

Zu den täglichen Aufgaben einer Gruppenleiterin gehört es, die Anwesenheit der Kinder festzustellen und diese in eine Liste einzutragen. Daraus kann für die Kinder ein Frage- und Anwortspiel werden, ein tägliches beliebtes Ritual.

Spielverlauf
Die Kinder beginnen, indem Sie die Frage im Rhythmus sprechen oder singen und dazu begleitend klatschen: „Sadiye burada mısın?" (Sadiye, bist du hier?) Sadiye antwortet, indem sie ebenfalls im Rhythmus klatscht „Evet burdayım" (Ja, ich bin da!) Falls sie nicht anwesend ist, antworten die Kinder: „Sadiye burda yok" (Sadiye ist nicht da!).

Begrüßungsspiel

Die Kinder sitzen im Kreis. Beginnen Sie das Spiel, indem Sie sagen:

1. „Ich heiße Marion und mache so ..." Sie winken zum Beispiel mit der linken Hand oder stampfen mit dem Fuß.

2. Die Kinder wiederholen „Du heißt Marion und machst so ..." (Die Kinder wiederholen die Bewegung).

Text in türkischer Sprache
1. Benim adım Marion ve böyle yapıyorum

2. Senin adın Marion ve böyle yapıyorsun

Variation
Die Kinder laufen zur Musik frei im Raum. Stoppt die Musik, sucht sich jedes Kind ein anderes und fragt: „Guten Tag, wie geht es dir?“ (Türkisch: „Merhaba! Nasılsın?“)

Das andere Kind anwortet darauf: „Danke. Und dir?“ (Türkisch: Teşekkür ederim. Sen nasılsın?)

Variation: Stoppt die Musik, sagt das eine Kind: „Ich heiße Jens“ (Türkisch: „Adım Jens“). Wie heißt du? („Adın ne?“)

Spiel: „Meine Freundin Nesibe soll sich drehn“

Die Kinder fassen sich an den Händen und bewegen sich in einer Schlange durch den Raum. Immer, wenn der Name eines Kindes genannt wird, lässt dieses die Hände los, dreht sich um, fasst wieder die Hände und geht in der Schlange nach aussen gerichtet weiter mit.

Dabei wird folgender Text gesprochen (eine Übersetzung ist nicht möglich, weil es sich um ein Wortspiel für Kinder handelt):

Kutu, kutu pense
elmamı yense
arkadaşım Nesibe
arkasını dönse.

2. AUF ZUM FLUGHAFEN

Kofferpacken und los

Einstieg zur Geschichte
Stellen Sie einen Koffer, einen Kinderkoffer, eine Reisetasche, eine Handtasche und einen Rucksack in die Mitte der Erzählrunde und fragen Sie die Kinder, wozu man diese Gegenstände braucht. Die Kinder bringen ihr Wissen ein und nach einer kurzen Überleitung zur Geschichte sind sie sicher neugierig, was Lena und Lukas so alles für ihre Reise in die Türkei einpacken werden.

Erzählung
Die Frühlingszeit vergeht im Nu und der Sommer steht schon vor der Türe. Die ganze Familie kann es kaum mehr erwarten in die Türkei zu

fliegen. „Es sind nur noch wenige Tage bis zum Abflug und es wird Zeit, die Koffer zu packen", sagt Mama voller Vorfreude und Papa rät: „Denkt darüber nach, was ihr unbedingt für die Ferien einpacken wollt. Diesmal muss das nämlich gut überlegt sein, wir fahren ja nicht mit dem Auto, sondern wir fliegen." Lukas weiß Bescheid, denn Papa hat ihm schon einmal erklärt, dass ein Erwachsener nur 20 Kilo Gepäck, das heißt nur einen Koffer voll, mitnehmen darf. Dazu ist noch eine kleine Tasche erlaubt, die man Handgepäck nennt, weil man sie mit der Hand ins Flugzeug tragen kann.

Lukas schreibt eine Packliste, das hat er von Papa gelernt und Lena diktiert ihm ihre Wunschliste. Am Abend geht Papa mit den Kindern die Listen durch und fängt gleich an, so allerhand zu streichen. Lukas schimpft ganz fürchterlich: „Papa, du kannst mir doch nicht alles durchstreichen". Lena ist sauer, weil ihr Papa die ganzen Barbiespielsachen gestrichen hat. Mama versucht die aufgeregten Kinder zu beschwichtigen: „Ihr braucht diese Spielsachen dort wirklich nicht. Wir haben doch mit euch schon besprochen, dass wir fast jeden Tag ans Meer zum Schwimmen gehen und an manchen Tagen werden wir die schönsten und interessantesten Ausflüge mit euch machen." Lukas beruhigt sich etwas und ergänzt: „Im Hotel gibt es doch auch noch ein Kinderprogramm." Papa zieht die Augenbrauen hoch, legt den Stift weg und lenkt etwas ein: „Also Sandspielsachen können wir dort kaufen, dann haben wir im Koffer mehr Platz für die Kleidung. Für das Hotel benötigen wir andere Sachen als für den Strand und für die Ausflüge." Mama ergänzt: „Wie ihr im Katalog gesehen habt, fliegen wir in ein besonders schönes Hotel, da brauchen wir ab und zu auch hübsche Kleidung. Ich freue mich schon so darauf, meine Sommerkleider anziehen zu können." Papa meint: „Jedes Kind kann aber sein Lieblingsbuch und sein Kuscheltier einpacken." Lena ist noch immer etwas verstimmt und ruft: „Meine Puppe Lily quetsche ich nicht in einen Koffer!" Mama hat sogleich einen Vorschlag: „Du kannst deine Lily in den Rucksack stecken und oben heraus schauen lassen." „Gute Idee, dann wird sie auch nicht mitgewogen," lenkt Papa ein. Papa bespricht mit Lukas: „Wir Männer werden in den Schnorchelkurs gehen, der vom Hotel angeboten wird. Dazu brauchen wir unsere Flossen, Taucherbrillen und Schnorchel." Dabei fällt Mama ein: „Und wir Frauen gehen in den Bauchtanzkurs und dafür packen wir Glitzertücher und Gürtel ein." „Auf den Bauchtanz freue ich mich schon ganz besonders, Sadiye hat mir in der Kita schon etwas gezeigt," sagt Lena und versucht gleich den Tanz vorzumachen.

Mama hilft den Kindern natürlich bei der Zusammenstellung ihrer Ferienkleidung und so packen sie gemeinsam die Kinderkoffer. „Ehrlich gesagt, ich bin froh, dass Mama das macht", ruft Lukas und Lena stimmt ihm zu. Für die Reiseapotheke und die Reisepapiere ist immer Papa zuständig und für die Kosmetik Mama. „Für die Türkei brauchen wir besonders starke Sonnenschutzmittel, denn unser Ferienziel liegt sehr südlich", sagt Mama zu den Kindern und zeigt ihnen nochmals auf dem Globus, wo genau die Türkei liegt und zum Vergleich ihr Heimatland. „Für den Sonnenschutz und die Pflege nach dem Baden ist gesorgt, ich habe diesmal alles Nötige in der Apotheke besorgt." sagt Mama. Papa murmelt noch etwas von Videokamera und Fotoapparat und dass er die Geräte besser ins Handgepäck steckt. Bevor er dann die Koffer verschließt und zur Sicherheit einen Koffergurt umschnallt, wiegt er jeden einzelnen auf der Personenwaage, die im Badezimmer steht. „Typisch Papa" flüstert Mama ihren Kindern zu, „bei ihm geht es immer ganz genau". Aber Papa hört alles und versucht seine Genauigkeit zu rechtfertigen: „Wisst ihr das nicht, wenn die Koffer zu schwer sind, müssen

wir ganz schön viel Geld für das Übergewicht bezahlen.“ Mit Mamas allseits bekannter Fürsorge: „Hoffentlich haben wir nichts vergessen“, beendet die Familie die Packaktion. „Und falls wir doch noch etwas Wichtiges vergessen haben, dann können wir das auch in der Türkei kaufen“, sagt Papa mit beruhigender Stimme.

TIPPS

In unserer Geschichte verreisen Lena und Lukas das erste Mal in ihrem Leben mit dem Flugzeug. Vielleicht sind schon manche Kinder in Ihrer Gruppe einmal in die Ferien geflogen. Andere träumen noch von diesem faszinierenden Erlebnis.

In vielerlei Spielen und Aktionen kann das Wissen über das Fliegen vertieft werden. Falten Sie mit den Kindern Papierflieger und veranstalten Sie damit ein Wettfliegen. Sicher finden die Kinder, so wie Lena und Lukas, Spaß daran, sich in von Ihnen kopierte Sitzpläne eines Flugzeuges zu malen. Lena und Lukas müssen wohl überlegen, was sie alles auf ihre Reise mitnehmen, denn sie erfahren, dass das Fluggepäck nur begrenzt schwer sein darf. Spielerisch lernen die Kinder den Umgang mit einer Waage und was alles auf eine Ferienreise mitgenommen werden muss.

Zu den Highlights gehört der Besuch eines Flughafens. Auch ein Flugzeugmuseum bietet den Kindern erlebnisreiche Stunden. Dort dürfen sie sich in ein Flugzeug setzen und an einem Flugsimulator sehen, wie es in einem Cockpit abläuft.

Stellen Sie den Kindern Material für Rollenspiele bereit und funktionieren Sie die Bauecke zum Flughafen um. Wahrscheinlich aber bauen die Kinder ganz von selbst mit Stühlen ein Flugzeug und heben dann ab in die Lüfte.

Spiel: Kofferpacken und los geht's

Die Kinder stehen im Kreis und Sie eröffnen das Spiel, indem Sie beispielsweise sagen: „Ich bin Sandra und packe in meinen Koffer einen Wasserball ein". Pantomimisch stellen Sie das Spielen mit dem Ball dar. Nun spielen und wiederholen alle Kinder das, was gesagt wurde: „Sandra packt einen Wasserball ein". Das nächste Kind fährt fort: „Ich bin Ali und packe Schuhe ein". Dazu stellt er pantomimisch das Schuhe anziehen dar. Alle spielen und wiederholen nun das, was Sie und Ali gesagt und vorgemacht haben: „Sandra packt einen Wasserball ein, Ali packt Schuhe ein". Nun ist das nächste Kind an der Reihe und wenn auch das letzte Kind eingepackt hat, ist der Koffer voll und das Spiel zu Ende.

Spiel: Koffer wiegen

Ähnlich wie der Papa von Lena und Lukas wiegen die Kinder einen vollgepackten Koffer auf einer Personenwaage.

Das wird gebraucht
Zwei kleine oder ein großer Koffer, Personenwaage

So wird's gemacht
Die Kinder füllen den Koffer mit Kleidung, Büchern, Spielzeug und anderen Reiseutensilien, bis er voll ist. Dann stellen sie ihn auf die Waage und schauen gespannt, wie viele Kilos er wiegt. Gemeinsam beginnen Sie zu rechnen, ob noch etwas eingepackt werden kann oder Teile wieder heraus müssen, damit das Gepäck auf die „Flugreise" gehen kann.

Exkursion: Besuch am Flughafen

Ist ein Flughafen in erreichbarer Nähe, so ist ein Ausflug dorthin eine große Attraktion für die Kinder. Sachbilderbücher, wie „Ich weiß was vom Flughafen“ (Norbert Golluch, Helmut Kollars, Annette Betz Verlag) oder „Unterwegs mit dem Jumbo Jet“, (Buchverlag Junge Welt), können die Exkursion vorbereiten, vertiefen oder gegebenenfalls ersetzen.

Der Flughafen ist eine Stadt für sich, wo es vieles zu sehen und zu entdecken gibt: Reisebüros für schnell entschlossene Last-Minute-Flieger, prall gefüllte Läden, die mit günstigen Preisen Abreisende zum Kauf verlocken. Restaurants, Cafes und Bars laden Flugreisende vor dem Abflug zum Verweilen ein.

Am „Check in“ schauen die Kinder interessiert beim Security-check der Koffer zu. Aber eigentlich können sie es kaum erwarten, auf die Besucherterrasse zu gehen. Hier können sie endlich die startenden und landenden Flugzeuge sehen.

Den Kindern macht es Spaß, mit ihren Fachkenntnissen zu glänzen, die Flugzeugtypen und das Herkunftsland zu bestimmen. Mit Faszination sehen sie zu, wie Maschinen vor dem Abflug betankt werden, wie die Transportarbeiter die Gepäckstücke über ein Förderband in den Laderaum des Flugzeugs schaffen und wie die Reisenden mit Bussen zum Flieger gefahren werden. Wieder zurück in der Kita, verarbeiten die Kinder die vielen Eindrücke und spielen das Erlebte mit Bausteinen, Miniaturflugzeugen und Playmobil-Spielmaterial nach.

Faltarbeit: Papierflieger

Nicht nur die Jungen falten gern einen Flieger. Folgendes Modell hat gute Flugeingeschaften und düst wie der Blitz davon.

Das braucht man

Für einen kleinen Flieger ein DIN A4 und für einen Riesenflieger ein DIN A3 Blatt, Buntstifte oder Wachsmalkreiden, Bleistift

So wird's gemacht

Vor dem Falten bemalen die Kinder das Papier nach ihren Ideen mit Wachsmalkreiden oder Buntstiften. Faltschritte:

1. Bemalte Seite liegt oben. Blatt der Länge nach falten.
2. Rechte und linke untere Ecke zur Mittellinie falten.
3. Papier auf die andere, unbemalte Seite, drehen. Die beiden Klappen hoch falten und den Kniff gut umfalzen.
4. Untere Ecken so umfalten, dass sie sich an der Mittellinie treffen. Kniffe gut falzen.
5. Obere Dreiecksklappe über die Dreiecke aus Schritt 4 falten.
6. Blatt wenden, so dass die bemalte Seite nach oben schaut. Blatt von unten nach oben auf die Hälte umfalten.
7. Untere Kante zur Mittellinie als Flügel knicken. Flügel nochmals nach unten falten.
8. Papier drehen und Schritt 7 wiederholen. Flügel leicht nach oben stellen.
9. Flieger mit der Schrift nach oben halten. Vorne die Spitze als Bug komplett nach links klappen und unter die entstandene Papierlasche stecken.

(Schritt 2)

(Schritt 4)

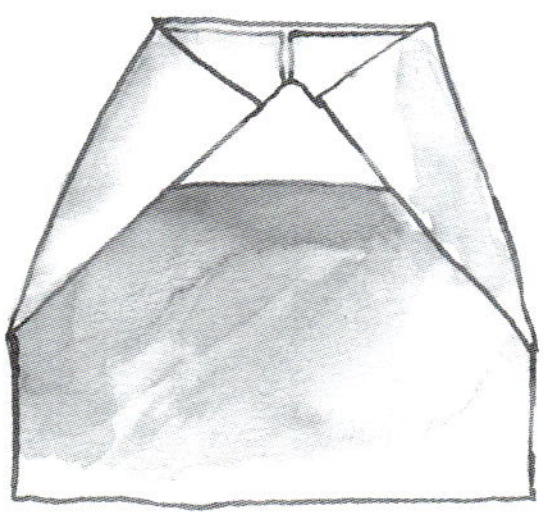
(Schritt 5)

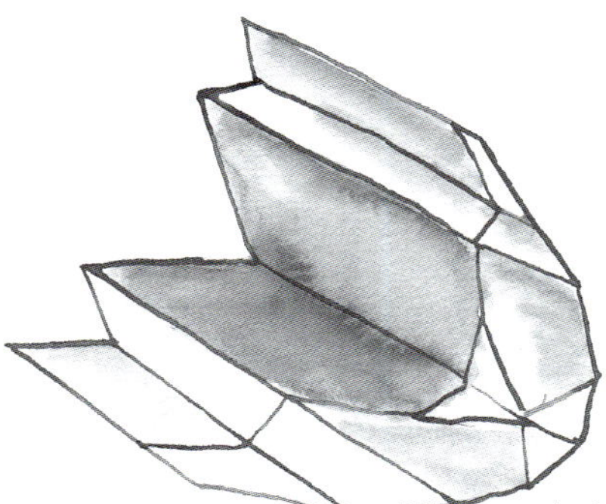
(Schritt 9)

Spiel:
Wer darf denn mit dir fliegen?

Alle Spieler stehen im Kreis. Ein Kind befindet sich in der Mitte und sagt: „Ich fliege in die Türkei!“ Die Mitspieler fragen darauf hin: „Wer darf denn mit dir fliegen?“ Das Kind in der Mitte antwortet beispielsweise: „Wer am besten auf einem Bein stehen kann!“ Nun versucht jedes Kind sein Bestes und das Kind in der Mitte wählt eines davon aus. Gemeinsam spielen sie nun „Flieger“ und drehen eine Runde zu zweit. Das gewählte Kind „landet“ als „Flugzeug“ wieder in der Kreismitte und darf eine neue Aufgabe an seine Mitspieler stellen. Beispiele: Wer die lustigste Grimasse schneiden kann, wer am höchsten springen kann, wer den Hampelmann machen kann, wer einen türkischen Mädchennamen sagen kann.

Spiel:
Eine Reise in die Türkei

In Anlehnung an das Spiel: „Reise nach Jerusalem“

Das braucht man
Kleine Teppiche, davon einen weniger als Mitspieler, türkische Musik vom Band. Für die türkische Teestube: Sitzkissen, kleine Teegläser, Tee

So wird’s gemacht
Die Kinder fliegen wie im Märchen auf einem türkischen Teppich in die Türkei. Ein Kind ist noch ohne Teppich. Sobald die Musik erklingt, tanzen die Kinder dazu frei im Raum. Stoppt die Musik, so versucht jedes Kind auf einem Teppich Platz zu nehmen. Das Kind, welches keinen erhaschen kann, scheidet aus. Es kann in der türkischen Teestube ein Glas Tee trinken und auf die nächsten Gäste warten.

Lena und Lukas finden Freunde

Einstimmung

In der Mitte steht ein Korb mit Tüchern in verschiedenen Blautönen, ein Körbchen mit Muscheln, Sand und Sandspielzeug. Die Kinder gestalten auf einer großen Plastikplane einen türkischen Strand. Dazu läuft im Hintergrund türkische Musik vom Band. Danach leiten Sie zur Geschichte über, in der Lena und Lukas am Strand türkische Kinder kennen lernen.

Erzählung

Die Familie verbringt herrliche Tage am Strand. Sie genießen das glasklare, türkisfarbene Meer und das Spiel mit den Wellen. Lukas liebt es, im hellen, feinen Sand zu buddeln und Lena backt eifrig Kuchen damit. „Hallo Mami, magst du meine Baklava probieren?“ ruft sie ihrer Mama zu und bringt ihr sogleich ein Stücken davon. Das ist natürlich kein echtes, Lena hat es aus Sand modelliert. Ihre Mama sagt begeistert: „Mh, wie köstlich, deine Kochkünste sind ja vorzüglich, liebes Kind!“ und dabei tut sie so, als ob sie probieren würde. Dann lachen beide lauthals. Auch Papa muss kosten, doch es kommt erst gar nicht dazu. Denn als Lena die türkischen Kinder kommen sieht, lässt sie alles liegen und stehen. Freudestrahlend ruft sie ihnen entgegen: „Merhaba! Selam!“ Lukas kommt schnell aus dem Wasser gerannt und begrüßt sie auch mit „Merhaba! Selam!“ In den letzten Tagen haben sie sich mit Nesibe und Enes immer mehr angefreundet. Enes, der Junge, spricht sehr gut deutsch und Nesibe, seine jüngere Schwester kann es auch ganz gut, wenn sie sich nur traut. Lena und Lukas macht es einen riesigen Spaß, ein paar Wörter Türkisch mit ihnen zu sprechen und mit ihnen zu spielen. – „Komm, jetzt ist es an der Zeit, die Eltern von Nesibe und Enes zu grüßen, wo sich doch die Kinder so nett angefreundet haben“, sagt Mama zu Papa, der sich auf seiner Strandliege räkelt. Er legt sein Buch weg und meint. „Ja, da hast du Recht, meine Liebe“! Als sie sich bei Nesibe und Enes Eltern vorstellen, freuen sich diese sehr und erzählen gleich von ihren Erinnerungen: „Wir haben jahrelang in Deutschland gelebt und unsere Kinder sind dort sogar geboren." – „Und jetzt machen Sie Ferien hier im eigenen Land?", fragt Lukas etwas vorwitzig und neugierig. Bevor sie jedoch antworten können, fragt Papa schon: „Und warum leben sie jetzt nicht mehr in Deutschland?" Mama legt sogleich neugierig nach: „Wo wohnen sie denn jetzt?". Herr Dölcü sagt freundlich: „Lassen Sie uns alle zusammen unter unserem Sonnenschirm Platz nehmen, da gibt es Schatten und dann werde ich Ihnen gerne alle ihre Fragen beantworten". Also versammeln sich die beiden Familien, unter dem etwas zu kleinen Sonnenschirm. Frau Dölcü reicht eine Tüte mit Obst herum, während Herr Dölcü zu erzählen beginnt: „Ich musste beruflich wieder zurück in meine Heimat, obwohl Deutschland auch ein Stückchen Heimat für uns geworden ist. Jetzt wohnen wir nur ein paar Minuten mit dem Auto von hier weg, im kleinen Städtchen am Meer. Zur Arbeit fahre ich jeden Tag in die große Stadt. – Aber, kommen Sie uns doch einmal besuchen, meine Frau kocht vorzüglich und so könnten wir uns bei einem Abendessen näher kennen lernen. Lena und Lukas Eltern bedanken sich für die freundliche Einladung. Und die Kinder, die mit Spannung zugehört haben, freuen sich sehr auf den Besuch bei Nesibe und Enes. Lena und Lukas Eltern wissen zum Glück schon einiges über die türkischen Sitten und Gebräuche und so wollen sie noch ein paar Vorbereitungen treffen. Mutter sagt: „Zum Dank für die Einladung bringen wir Süßigkeiten mit, denn die Türken lieben Süßigkeiten über alles". Lukas lacht und meint: „Wir aber doch auch!" – „Ja, ja, du Schlingel", sagt Mama, „bei uns in Deutschland bringt man Blumen für die Erwachsenen mit und Süßigkeiten für die Kinder." Da fällt Papa gleich ein passendes türkisches Sprichwort zu diesem Thema ein, das heißt übersetzt: „Wenn wir Süßes essen, reden wir süß." Lukas überlegt und fragt ganz schlau: „Bedeutet das, wer Süßes isst, ist immer nett"? Und Papa antwortet ganz erstaunt: „Ja, so in etwa ist das gemeint, du bist aber ein kluges Kerlchen, mein Sohn!" Lukas amüsiert sich köstlich über diesen Spruch und sagt: „Also ganz einfach, wenn ihr wollt, dass ich immer lieb und nett bin, dann müsst ihr mir nur noch Süßigkeiten geben." Lena kullert sich vor Lachen, aber Mama zieht nur die Augenbrauen hoch und meint: „Das könnte dir so passen, Lukas". Aber dann bricht sie auch in lautes Gelächter aus. Papa schlägt vor:

„Heute Abend gehen wir Süßigkeiten für unsere neuen türkischen Bekannten kaufen, mal sehen, vielleicht fällt für euch auch etwas ab." Beim Abendessen erzählen die Eltern ihren Kindern, wie man sich als Gast in einer türkischen Familie verhält. Lena und Lukas meinen: „Das ist schon etwas anders als bei uns, das wird ja spannend." Papa sagt: „Ein paar türkische Wörter können wir ja schon." Und mit viel Spaß, sagen sie alle auf. „Merhaba! Selam! Nasılsın? Afiyet olsun! Allaha ısmarladık!"

Lena und Lukas zu Gast bei Familie Dölcü

Einstimmung

Stellen Sie in die Mitte ihrer Erzählrunde, auf ein Spitzendeckchen, ein orientalisches Schälchen mit Leblebi, dem türkischen Knabberzeug und begrüßen Sie heute die Kinder wieder auf Türkisch. Reichen Sie den Teller herum und während Sie die überleitenden Worte sprechen, können sich die Kinder bedienen.

Erzählung

Am nächsten Abend wartet die Familie vor dem Hotel und Herr Dölcü holt sie dort pünktlich mit seinem Wagen ab. Bei Familie Dölcü angekommen, werden sie schon in der Eingangstüre herzlich begrüßt, jeder umarmt jeden und drückt dabei Wange an Wange, einmal rechts und einmal links, dabei sagen alle „Hoş geldiniz". Auf dem Steinboden im Flur liegt eine große Auswahl an Pantoffeln für die Besucher bereit. Lena sucht sich die kleinsten Pantoffeln, die mit Glitzersteinchen verziert sind, aus. Papa passen gerade noch die größten, die in der Reihe liegen. Lena und Lukas dürfen nun das Gastgeschenk überreichen. Es ist zuckersüßes Lokum, das sie am Abend zuvor eingekauft haben. Lena und Mama bewundern die kostbaren Spitzendeckchen, die überall zur Zierde liegen. „Die Deckchen sind handgearbeitet, viele habe ich selbst gehäkelt, aber viele sind auch Geschenke von der Mutter, von Verwandten und Freundinnen, sagt Frau Dölcü stolz. Lena ist ganz begeistert und weil sie selbst gerne bastelt fragt sie: „Kann man das lernen, ist das leicht?“, und Frau Dölcü antwortet: „Sicher, wenn du noch etwas wartest, vielleicht bis du zur Schule gehst, dann kannst du schon mit einfacheren Mustern anfangen.“ Die Familie wird an einen großen Esstisch gebeten. Er ist über und über bedeckt mit den feinsten türkischen Vorspeisen, „Meze“ genannt, die auf silbernen Platten, Tellern und Schälchen angerichtet sind. Da duftet eingelegtes Gemüse neben Oliven und Schafskäse. Cremiger Joghurt steht bei gegrillten, roten Paprika und beim Karottensalat. Lena und Lukas freuen sich schon auf die mit Käse gefüllten Teigröllchen, die auf einem Teller zum Berg aufgetürmt sind. Mama denkt: Das können wir nie und nimmer essen, soviel ist das. Aber, das ist noch nicht alles, denn nach den üppigen Vorspeisen folgt köstlicher Fisch mit Gemüse als Hauptspeise. Frau Dölcü hat sich für ihre Gäste sehr viel Arbeit gemacht. „Das ist ja ein Festessen“, sagt Mama bewundernd und Frau Dölcü und ihr Mann antworten: „Hoş geldiniz“, was soviel heißt wie: „Sie sind uns herzlich willkommen!“ – und „Buyurun“, das bedeutet: „Greifen Sie zu!“ Dann wünschen sie sich alle „Afiyet olsun“. Kaum sind die Reste des Hauptganges abgeräumt, bringt Frau Dölcü eine riesengroße Platte mit Süßspeisen zum Nachtisch. Es sind kleine gebackene Köstlichkeiten, die in Honigsirup getränkt sind. Dazu gib es für die Erwachsenen çay, das ist Schwarztee und für die Kinder steht fein duftender Apfeltee bereit. Mama und Lena gefallen die Teegläser mit dem goldenen Muster besonders gut. Nach diesem ausgiebigen Schlemmen legt Herr Dölcü türkische Musik auf und fängt zu Tanzen an. Er fordert alle auf, mit zu tanzen. Lena und Lukas lachen vor Vergnügen und meinen: „Das macht Spaß!“ „Nun ist es an der Zeit, dass wir Männer eine Wasserpfeife rauchen“, sagt Herr Dölcü nach einer Weile. Und während er sie vorbereitet, schauen die Gäste sehr interessiert zu. Danach bittet er Papa in ein anderes Zimmer, wo es sich die beiden in großen Sesseln bequem machen. Nesibe und Emre zeigen Lena und Lukas ihre Spielsachen und Frau Dölcü holt immer mehr kostbare Handarbeiten aus ihrem Schrank hervor, die Mama mit Staunen über soviel Können und Arbeit bewundert. Bevor Frau Dölcü ihn wieder verschließt, überreicht

sie Mama als Gastgeschenk ein glitzerndes Kopftuch mit gehäkelten Spitzen dran. Mama traut sich zunächst nicht, ein so wertvolles Geschenk anzunehmen, aber Frau Dölcü besteht darauf.

Sehr spät am Abend, nach einer herzlichen Verabschiedung, bringt Herr Dölcü die Familie wieder zurück in ihr Hotel. Lena und Lukas sind sehr müde, können aber ewig nicht einschlafen, denn immer noch denken sie an alles, was sie an diesem Abend erlebt haben. „Das war der schönste Besuch seit langem“, sagt Lukas. Lena gähnt laut und sagt: „Ja das stimmt und es ist der schönste Urlaub aller Zeiten!“

TIPPS

In der Geschichte „Lena und Lukas finden Freunde“ erleben die Kinder die liebenswürdige Gastfreundschaft und die Offenheit der türkischen Menschen Fremden gegenüber.

Wenn man als Gast in ein türkisches Haus kommt und dort mit den Köstlichkeiten des Landes verwöhnt wird, kann man die türkischen Sitten und Gebräuche kennen lernen. Die Kita-Kinder hören, wie man sich als Gast verhält, und dass man andere Sitten und Bräuche respektieren und sogar genießen soll. Natürlich hat die Familie schon ein paar Worte und Redewendungen türkisch gelernt, die sie dann zur Freude der türkischen Familie einsetzen können.

Da macht es richtig Spaß, im Anschluss an die Geschichte die Puppenecke in eine türkische Wohnung zu verwandeln, wo sich die Kinder gegenseitig einladen und „bekochen“.

Restaurant-Tisch beim Mittagessen

Während der „Türkischen Wochen" hat jedes Kind einmal die Gelegenheit, beim Mittagessen am sogenannten „Restaurant-Tisch", Platz zu nehmen. Dazu wird es persönlich, eventuell auch schriftlich eingeladen. Der Tisch ist wie in einem Restaurant für vier bis sechs Personen gedeckt. Für das entsprechende Ambiente brauchen Sie weiße Tischdecken oder Sets (→ S. 64), türkische Tischlichter (→ S. 57) und Servietten. Die Speisepläne der Kita werden kopiert und so zu Menü-Karten für die Gäste. Während Schulkinder sich selbst über die Speisenfolge informieren, lesen Sie den Kleinen vor, was das „Restoran" zu bieten hat. Selbstverständlich wird hier der Gast bedient. Kinder oder Erwachsene übernehmen die Rolle des Service-Personals. Dazu gehört genauso das Aufnehmen der Bestellung, wie das perfekte Servieren der Gerichte. Die Kinder haben bereits gelernt, dass mit einem „Afiyet olsun" das gemeinsame Essen beginnt. In diesem Rahmen fällt es den Kindern leicht, sich bei Tisch gut zu benehmen. Sie spielen die Rolle des Gastes perfekt und genießen das Essen in schönem Ambiente. Wie in jedem Restaurant, werden die „Gäste" auch gefragt, wie ihnen das Essen geschmeckt hat. Die Bedienung setzt die Rechnung auf und mit der „Bezahlung" mit Spielgeld und einem „Allaha ısmarladık!", endet das genüssliche Mittagessen.

Türkische Lebensfreude im Tanz ausdrücken

Das wird gebraucht
Musikanlage, türkische Musik, zur Verkleidung glitzernde Schals und Tücher

So wird's gemacht

Ein türkisches Fest ist ohne Musik und Tanz unvorstellbar. Meist treten sogar Live-Bands auf, wenn nicht, wird Musik vom Band gespielt. Ob jung oder alt, keinen hält es dann noch auf seinem Platz, alle tanzen mit Begeisterung und Ausdauer. Zu besonderen Festtagen, wie dem Beschneidungsfest oder zu Hochzeiten, wird eine Bauchtänzerin eingeladen, welche die Gäste mit ihrem prächtigen Kostüm und kunstvollem Tanz fasziniert. Schon kleine Mädchen versuchen den Bauchtanz zu imitieren. Sie hören die Musik aus dem Radio oder sehen den Auftritt berühmter Bauchtänzerinnen im Fernsehen. Da der Bauchtanz zu den bekanntesten Kulturgütern gehört, sollten türkische Mädchen auch in der Kita dazu die Gelegenheit haben. Von der Tanzfreude angesteckt, sind sicher bald nicht-türkische Mädchen mit dabei. Die Kinder steuern selbst ihre Lieblingsmusik bei. Viele türkische Mädchen haben zu Hause Bauchtanzkleidung und sie freuen sich, wenn sie diese in die Kita mitbringen dürfen. Die anderen Mädchen bedienen sich mit Tüchern und Schals in der Verkleidungskiste. Der allgemeinen Freude am Bauchtanz oder freiem Tanzen nach populärer türkischer Musik steht dann nichts mehr im Wege.

Puppenecke wird zur türkischen Wohnung

Das wird gebraucht

Mehrere kleine Pantoffeln (türkische Souvenirs, wenn möglich), Spitzendeckchen, türkische Teegläser mit kleinem Tablett, Teekanne, kleine Teppiche

So wird's gemacht

Vor dem Eingang stehen Pantoffel für die Gäste. Jedes Kind, das zu Besuch in die Puppenecke kommt, wird der Sitte folgen und die Schuhe wechseln. Ein türkisches Ambiente schaffen Sie mit vielen Spitzendecken. Bitten Sie Ihre Mütter darum, sicher hat die eine oder andere ein Deckchen übrig. Falls nicht, können Sie ersatzweise Tortendeckchen verwenden. Den Kindern macht es aber sicher auch Spaß, selbst Deckchen nach dem Faltschnitt (→ S. 62) auszuschneiden und mit diesen ihre Puppenwohnung zu dekorieren. Türkische Teegläser (→ S. 60) auf einem Tablett und eine Teekanne regen die Kinder an, die türkische Gastfreundschaft nachzuspielen. Kleine Teppiche auf dem Boden verteilt, ergänzen das türkische Ambiente.

Türkisches Frühstück – wie im Hotel

Zum Frühstück gibt es in der Kita , wie bei Lena und Lukas im Hotel, ein türkisches Büffet.

Das wird gebraucht

Weißbrot, Tomaten, Gurken, Oliven, Schafskäse, Butter, Honig, Marmelade, Tee. Kleine Teller oder Schälchen, Teegläser (→ S. 60) Papier-Tischdecke (lange Papierbahnen), Musikanlage und türkische Musik

So wird's gemacht

Die Kinder bemalen bereits Tage zuvor die Papiertischdecke mit einem türkischen Muster (Bordüre) und die Teegläser mit Goldfarbe. Am Tag des Frühstücks werden mehrere Tische zu einem langen Büffet zusammengestellt. Die Tischdecke bildet die dekorative Grundlage für das in kleinen Schälchen und Tellern angerichtete Frühstück. Hierbei helfen die Kinder natürlich gerne mit. Sobald im Hintergrund die türkische Musik erklingt, wird das Büffet eröffnet. Die Kinder bedienen sich mit kleinen Portionen und probieren die für sie ungewöhnlichen Frühstücksbeilagen. Alle wünschen sich einen guten Appetit – „Afiyet olsun!"

Variante

Türkisches Frühstück wie auf dem Land. Die Kinder sitzen gemütlich auf Sitzkissen am Boden in einer eigens gestalteten „türkischen Brotzeitecke" oder in einem aufgebauten Teehaus. Natürlich darf dann auch mit den Fingern gegessen werden.

Raum- und Tischdeko

Die Kita-Kinder sollen erleben, dass zu einem guten Essen auch ein schönes Ambiente gehört, das eine entsprechende Stimmung verbreitet. Sie sehen, wie sie selbst mit wenigen ausgewählten Dingen eine türkische Atmosphäre in ihrer Kita zaubern können.

Unsere Angebote sind als Impulse gedacht, die Sie mit Variationen und neuen Ideen Ihrerseits speziell auf die Gruppe abstimmen können. Sie lassen sich mit den Kindern und eventuell mit den Eltern leicht umsetzen und auf mehrere Aktionen, die während der Projekttage angeboten werden, verteilen. Setzen Sie bei den Dekorationen und der Gestaltung der Räume einen Bezug zu den Orten, aus denen Ihre türkischen Kinder kommen und zu den Orten, in denen andere wiederum im Urlaub waren.

Die Kita wird zu „Klein-Türkei“

Bei einem Türkeiprojekt wird für die Kinder, neben dem Kochen und Genießen in geselliger Runde, das Gestalten der Räume ein weiterer Schwerpunkt. Verwandeln Sie mit den Kindern die Räumlichkeiten von Tag zu Tag mehr und schaffen Sie so „orientalisches Flair“ in der Kita. Greifen Sie dabei die Ideen der Kinder auf, nach dem Motto: Mit den Kindern, nicht für die Kinder.

Dekorieren Sie erst einmal mit den gesammelten Urlaubssouvenirs und eventuell auch mit Gebrauchsgegenständen der Familien, die der Kita sicher eine Zeit lang als Leihgabe zur Verfügung stehen. Somit bilden Sie nicht nur einen Einstieg für die Kinder, sondern beziehen die Eltern mit ein und machen sie neugierig auf das neue Projekt.

Die Landesfahne aus einer Stoffbahn in Rot mit einem applizierten Halbmond und Stern in Weiß, schmückt flatternd den Eingang oder wird aufgespannt zu einem Baldachin.

Arbeiten Sie weiterhin mit der Landesfarbe Rot. Eine gebastelte Flaggengirlande, quer durch die Eingangshalle gespannt, lässt jeden Besucher das aktuelle Thema sofort erkennen. Papierbahnen in Rot mit aufgemalten weißen Halbmonden und Sternen werden zu Tischdecken. Als Alternative bieten sich „Türkische Tischsets“ (→ S. 64) an. Dazu brauchen die Kinder auf einen roten Papierbogen nur einen weißen Halbmond und einen kleinen Stern dazu zu malen oder zu drucken. Wie in türkischen Wohnungen liegen überall Spitzendeckchen (→ S. 61) auf.

Bemalen Sie mit den Kindern ausgediente Stoffe mit türkischen Mustern nach Vorbildern aus Büchern und dekorieren Sie damit Tische, Wände und die Decke.

Ältere Kinder sägen aus Sperrholz Buchstaben für das Wort „TÜRKEI“ aus, bemalen sie in den Landesfarben Rot und Weiß und hängen diese als Blickfang auf.

Die Quizwand (→ S. 26) in der Eingangshalle regt zum Rätseln an und ist ein Hingucker zugleich.

Gesammelte Ansichtskarten, Kalenderbilder und Werbeposter mit türkischen Motiven sind nicht nur Stimmungsmacher, sondern geben den Kindern auch einen Einblick in Landschaften und Städte.

Mit den Werken der Kinder, die bei den Aktionen während der „türkischen Wochen“ entstehen, können Sie ohne zusätzlichen Aufwand in der Kita türkisches Flair aufleben lassen.

Pappteller, beklebt mit orientalischen Mosaikmustern (→ S. 61), dekorieren die Wände. Auch große Pappkartons, so bemalt, dass sie türkischen Teppichen gleichen (→ S. 63), zieren Böden, Wände, Tische oder hängen wie „fliegende Teppiche“ von der Decke. Bauchtanzschleier kann man nahezu überall zur Dekoration einsetzen. Glitzerwindlichter und kleine türkische Blechlaternen (→ S. 59) leuchten bei Einbruch der Dämmerung stimmungsvoll in den Fenstern, auf Regalen und Tischen. Auf die Fenster werden mit Window-Colours türkische Stadtsilhouetten, ein Basar oder die Landschaft am Meer gemalt. Auch selbst gefädelte (oder auch fertige) Perlvorhänge wirken stimmungsvoll.

Bauen Sie mit den Kindern kleine „Türkische Inseln“, indem Sie Spielbereiche entsprechend ausgestalten. Dort können die Kinder ihre Erlebnisse aus den angebotenen Aktionen verarbeiten und vertiefen. Ein Besuch in einem türkischen Lebensmittelgeschäft regt die Kinder an, das Geschehen dort nachzuspielen. Ein Nebenraum wird deshalb zu einem türkischen Laden oder Basar umfunktioniert. Hier können die Kinder allerhand kaufen, verkaufen und feilschen, wie es in einem Basar üblich ist. Sie bezahlen mit Spielgeld, das in Sgraffito-Technik von türkischen Münzen hergestellt ist. Die Ware kann von den Eltern gesammelt werden. Interessant für einen Basar sind Spitzendeckchen, ausgedientes Geschirr, alte Handtaschen für einen Lederbasar, Modeschmuck und Vieles mehr.

Eine Teestube mit Sitzkissen am Boden lädt die Kinder zum Genießen ein. Aus Obstkisten, Puppentischen oder einem zusammengeklappten Biertisch lässt sich mit Tüchern bedeckt ein Teehaustischchen zaubern. Türkische Musik untermalt die Atmosphäre und lockt die Gäste an, die dort, wie in einer echten türkischen Teestube, mit ihren Freunden Brettspiele spielen und Tee trinken. Steht dann noch eine Verkleidungskiste mit Schleiern und Glitzertüchern zur Verfügung, bringen sich die Mädchen mit Vergnügen gegenseitig Bauchtanz bei und üben vielleicht sogar für eine kleine Aufführung bei einem bevorstehenden türkischen Essen in der Kita. Die Teestube kann auch für die „gleitende Brotzeit" eingeführt werden, wo die Kinder dann ihr mitgebrachtes Essen in bezaubernder Atmosphäre genießen.

Die Leseecke verwandelt sich in „Klein-Türkei", wenn Sie diese mit Schleiern und Glitzertüchern abgrenzen oder damit einen Baldachin spannen. Dekorieren Sie mit türkischen Gegenständen und Souvenirs und laden Sie die Kinder zum Schmökern in Bildbänden, Reiseprospekten und Ähnlichem ein. Für Schulkinder liegt ein Türkisches Märchenbuch auf, das sie beim Lesen in eine andere Welt entführt. In der Kuschelecke, die bereits mit vielen Kissen ausgestattet ist, brauchen Sie nur noch einige orientalische Tücher aufzuhängen. Dann können die Kinder dort mit Kopfhörern türkische Musik, die sie auch teilweise selber mitbringen, genießen und von der Türkei träumen.
Die Tücher sind eine schöne Untermalung bei den verschiedensten Aktionen und natürlich auch beim türkischen Essen.

Selbstgebaute Raumteiler aus stabilen Pappkartonteilen stellen die Silhouette einer Stadt mit Kuppeln und Minaretten dar und grenzen die neuen „türkischen Spielbereiche" ab. Dieses Stadtbild verleiht dem Raum eine zauberhafte Atmosphäre. Falls Sie mit den Kindern ein Reisebüro besucht haben, bekommen die Kinder ihr „eigenes Reisebüro" in der Kita. Dazu brauchen Sie nur einen Tisch, ein paar Stühle, etwas Büromaterial und jede Menge Reisekataloge, die sie bereits von dort mitgebracht haben. Die „Verkäufer" preisen die Schönheit des Landes bei ihrem Verkaufsgespräch an und die „Kunden" buchen Flugreisen. Sie verlassen das Reisebüro mit „Flugtickets und Hotel-Prospekt", das können vorbereitete Zettel mit dem Foto eines Flugzeuges und eines Hotels sein.

Das Wichtigste aber für die Kinder ist und bleibt das Essen. – Wie Sie im Kochteil sehen, macht es großen Spaß, die Gerichte dekorativ anzurichten und im türkischen Stil, auf vielen kleinen Tellern und Schälchen, zu präsentieren. Eine bemalte Tischdecke, Servietten und Tischlichter im türkischen Stil unterstreichen das Flair.

Das Elterncafe wird zur orientalischen Tee-Ecke

Verwandeln Sie das Elterncafe in Ihrer Einrichtung für die Dauer der türkischen Wochen in eine orientalische Tee-Ecke und nennen Sie es: „Çay Köşesi". Ausgestattet mit orientalischem Ambiente und türkischen Köstlichkeiten im Angebot, wird es zu einem Magnet für die Eltern. Vieles, was Sie dazu benötigen, findet sich in jedem türkischen Haushalt und wird für die Dauer der Aktion gerne ausgeliehen.

Große Tücher, Stoffbahnen oder Glitzerschals werden zum Baldachin drapiert. Teppiche bedecken den Boden. Besonders dekorativ wirkt ein Bauchtanzkostüm an der Wand oder eine Wasserpfeife auf einem Tischchen. Glitzerkissen und Decken liegen auf Matratzen und werden so zu einem Diwan, auf dem es sich die Besucher bequem machen. Überall sind Spitzendeckchen drapiert und Laternchen verteilt. Ein Puppentisch oder eine Obstkiste, bedeckt mit einem kleinen Teppich oder einem Tuch, wird zum Teetisch. Darauf steht ein Tablett mit tulpenförmigen, türkischen Teegläsern. Zur Zubereitung des Tees brauchen Sie einen Samowar oder Teepot (Elektroanschluss, Herdplatte), Teekannen und verschiedene Tees, wie Schwarztee, Pfefferminz- und Apfeltee. In einem orientalischen Gefäß steht Zucker bereit, für die, die es süß mögen. Im Angebot gibt es türkische Süßigkeiten, die teilweise die Kinder und Eltern herstellen, aber auch einmal gekauft werden können. Beliebt sind Bonbons oder Dattelplätzchen, Baklava und Helva. Für die, die weniger auf Süßes stehen, gibt es Leblebi. Das Knabberzeug besteht aus Sonnenblumen- und Kürbiskernen und Kichererbsen und wird in kleinen Schälchen angeboten.

Legen Sie zum Schmökern Reiseführer und Bildbände über das Land auf. Wie in der Türkei üblich, können Sie auch Brettspiele anbieten und die Eltern zu einer Partie Schach, Backgammon oder Mühle verleiten.

Das Teezelt wird in Ihrer Kita zum beliebten Treffpunkt. Eltern, gleich welcher Nation, genießen das Angebot, tauschen sich aus, spielen zusammen und kommen sich in dieser Atmosphäre garantiert näher.

Orientalische Tischlaternen

Variation 1

Das wird gebraucht

Bastelfolie aus Aluminium: Laternen-Seitenwände 29 x 13 cm (inklusive je 1 cm Klebefalz), Laternen-Boden 7 x 7 cm, Schere, Lineal, dicke Nadel, weiche Unterlage aus Lagen von Zeitungspapier oder Filz, Folienstift (non-permanent), 2 x Silberdraht je 15 cm lang, Silberdrahtzange, Stricknadel, Klebstoff, Teelicht

So wird's gemacht

Bastelfolie in vier gleich große Flächen von je 7 cm x 13 cm unterteilen. Seitlich und unten 1 cm Falz für die Klebefläche vorsehen. Mit Hilfe des Lineals und des Folienstifts Faltlinien markieren. Jede der vier Linien oben 3 cm und unten 1 cm einschneiden. Beliebige Muster wie Mond, Sterne, Ornamente mit dem Folienstift auf die Flächen zeichnen. Folie auf weiche Unterlage legen und mit der Nadel dicht an dicht Löcher entlang der Muster-Linien stechen. Folie unten entlang der Einschnittstellen 1 cm nach innen falten. Der Falz dient als Klebefläche und wird zuvor seitlich 1cm bis zur Längslinie eingeschnitten. Entlang der Längslinien Folie zu einer quadratischen Laterne falten. Seitlichen Falz mit Klebstoff bestreichen und Teile miteinander verbinden.

Bodenfalz ebenfalls mit Klebstoff bestreichen und Folie (7 x 7 cm) für den Boden befestigen. Mit Hilfe einer Stricknadel Folie am oberen Rand an allen vier Seiten der Laterne nach außen einrollen. Silberdraht an den zwei gegenüber liegenden Seiten durch die eingerollte Folie stecken und mit der Zange die beiden Enden zur Spirale formen. Reste vom Folienstift mit feuchtem Tuch entfernen und Teelicht in die Laterne stellen.

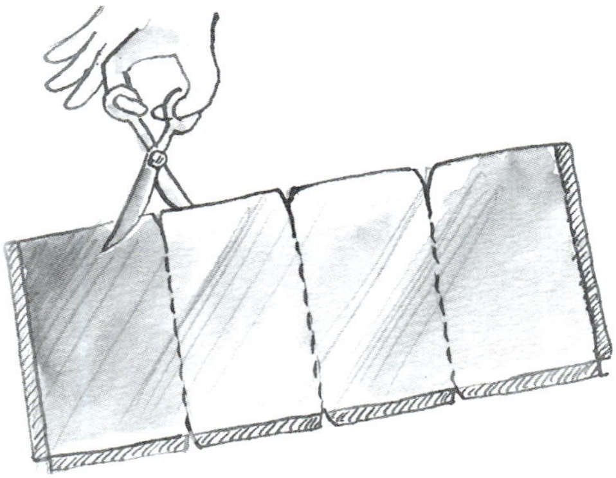

Variation 2 – Rundlicht
Das braucht man
Bastel- oder Metallfolie, weiche Unterlage, große Nägel, Kuli oder Stricknadel, Klebstoff

So wird's gemacht
Einen Streifen, Größe nach Wunsch, von der Metallfolie abschneiden, auf weiche Unterlage legen und mit einem Nagel Muster einstechen. Ränder mit Klebstoff einstreichen und zusammenkleben. Auf einen Teller stellen und mit einem Teelicht illuminieren.

Blechdosen-Laterne

Das braucht man
Blechdosen in verschiedenen Größen, Nägel, Hammer, weiche Unterlage, Permanentstift, Draht, Zange, Sandpapier

So wird's gemacht
Den Rand der Blechdose mit Sandpapier glatt schleifen. Mit dem Permanentstift Muster vormalen, falls ein Ornament gewünscht ist. Zum Ausstanzen der Löcher ist es sinnvoll, wenn zwei Kinder zusammenhelfen. Ein Kind hält die Dose, das andere stanzt das Muster aus. Oben am Rand zwei gegenüberliegende Löcher ausstanzen. Ein Stückchen Draht abschneiden und als Henkel anbringen. Beleuchtet aufhängen oder zum türkischen Festessen auf die Tafel stellen.

Variante
Am oberen und unteren Rand der Dose mehrere Löcher einstanzen bunte Glasperlen auf ca 5 cm lange Drahtstücke auffädeln, diese zur Verzierung des Randes in den Löchern befestigen.
Dose mit Kunstedelsteinen oder Pailletten bekleben.

Windlichter mit Borten verziert

Das braucht man
Ausgediente kleine Gläser, doppelseitiges Klebeband klarsichtig, Bortenreste (hauptsächlich mit Gold- und Silberfäden), Bänder mit Perlen, mit Pailletten und goldfarbenen Münzen (aus dem Faschingsbedarf)

So wird's gemacht
Die Gläser gut reinigen und trocknen. An die Stellen, wo die Borte angebracht werden soll, das Klebeband ankleben. Ein dem Glasumfang entsprechendes langes Stück Borte abschneiden und auf das Glas kleben, dabei fest andrücken. Kleben Sie mehrere Streifen mit verschiedenen Borten aneinander. Mit Teelicht bestücken.

Teegläser bemalen

Das braucht man
Kleine Joghurtgläser, Goldstift oder Goldfarbe für Glas und Porzellanmalerei aus dem Bastelgeschäft, Pinsel

So wird's gemacht
Auf die Gläser türkische Ornamente oder einfach nur Streifen malen. Nach Packungsbeilage Farbe im Backofen einbrennen.

Mosaikteller

Das braucht man
Pappteller, Tapetenkleister, Pinsel, Buntpapier und Goldfolienreste

So wird's gemacht
Tapetenkleister nach Packungsbeilage anrühren, Buntpapier und Goldfolie in kleine Stückchen reißen, Pappteller mit Kleister einstreichen und je nach Fantasie bekleben.

Variante für ältere Kinder
Zur Anschauung Bilder von Geschirr mit orientalischem Muster und Motiven zur Verfügung stellen, die Kinder dann aber ihre eigenen Ornamente entwerfen lassen.

Spitzendeckchen aus Papier

Jede türkische Hausfrau ist stolz auf ihre handgearbeiteten gehäkelten Spitzendeckchen, die sie als Aussteuer mit in die Ehe gebracht hat. Vielleicht möchten die Kinder Spitzendeckchen herstellen für die zur türkischen Wohnstube umgestaltete Puppenecke. Diese Technik können bereits Kinder im Vorschulalter und jedes Deckchen ist garantiert ein Unikat.

Das braucht man
Weißes, quadratisches Papier in unterschiedlichen Größen, Schere, Bleistift

So wird's gemacht
1. Quadrat zum Kopftuch falten. Blatt so hinlegen, dass die breite Seite zum Körper hin zeigt und die Spitze oben ist.
2. Untere linke Ecke auf die rechte Ecke falten

3. Das Dreieck so hinlegen, dass die offenen Seiten nach oben, das heißt vom Körper weg schauen. Obere linke Ecke auf rechte Ecke falten. Die Faltarbeit hat nun die Form einer Tüte.

   Hinweis: Falls ein quadratisches Deckchen gewünscht wird, endet hier der Faltvorgang. Zu einem runden Deckchen gehört noch der folgende Faltschritt.

4. Die Tütenspitze schaut zum Körper. Die rechte obere Ecke wird auf die linke Ecke gefaltet. Den Teil, der nun oben übersteht, mit der Schere abschneiden.

5. Links und rechts entlang der Kanten und an der Spitze zeichnen die Kinder mit Bleistift kleine Kreise, Dreiecke oder andere geometrische Formen auf und schneiden diese aus. Größeren Kindern gelingen Schnittmuster ohne Vorzeichnen.

6. Das Papier wird auseinander gefaltet und ein Spitzendeckchen kommt zum Vorschein.

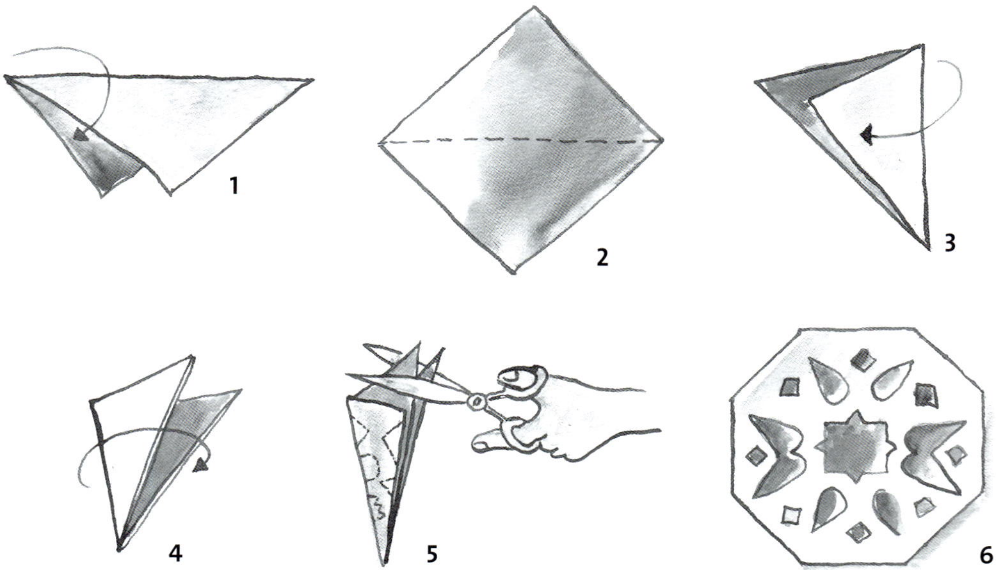

Gemalte Teppiche mit geknüpften Fransen

Diese Teppiche finden vielseitig Verwendung. Sie zieren die Wände, werden an die Eingangs- und Gruppentüre geklebt, sie liegen zur Zierde auf Raumteilern, Fensterbänken und Tischen. Aufgestapelt werden sie für die Kinder in ihrem Teppichbasar zur Ware.

Das braucht man
Für jedes Kind ein Blatt Papier oder Karton, DIN A2 (oder DIN A3), Wachsmalkreiden, Lineal, Stift, Locher, Wollreste, Schere. Ein Buch mit orientalischen Teppichen (kann in Bibliotheken ausgeliehen werden) oder Werbebroschüren von Teppichhäusern.

So wird's gemacht
Die Kinder betrachten zur Anregung die abgebildeten Teppiche und sehen, wie vielfältig die Muster sein können. Dann bemalen sie das Blatt Papier nach ihren Vorstellungen. Auf der Rückseite wird danach mit Stift und Lineal ein Rand von ca. 1 cm gezogen, damit die Kinder eine Orientierung haben, wo die Löcher gestanzt werden sollen. Die Kinder stanzen an den beiden schmalen Seiten des Blattes Löcher aus. Nun wählen sie aus den Wollresten eine Farbe aus und schneiden viele 10 cm lange Fäden ab, die sie dann als Teppichfransen in die Löcher knüpfen.

Dekoration: Hülsenfrüchte im Glas

Mit geringem Aufwand lässt sich diese ausgefallene Dekoration gestalten. Sie wird zum farbenfrohen Blickfang eines jeden türkischen Buffets. Bitten Sie die Mütter, von ihrem Vorrat an Hülsenfrüchten etwas abzugeben, so können Sie mit den Kindern die Gläser bunt füllen.

Das braucht man
Hohes Gefäß aus Glas, kleine Schalen, Hülsenfrüchte in verschiedenen Farben, wie Reis, weiße, braune, rote Bohnen, gelbe, rote, braune Linsen, Kichererbsen, grüne Erbsen, Maiskörner

So wird's gemacht
Hülsenfrüchte nach Farben in Schalen sortieren und diese Schicht für Schicht in das Glas füllen. Besonders dekorativ ist die Wirkung, wenn sich dunklere mit helleren Farbtönen abwechseln und die einzelnen Schichten unterschiedlich hoch sind. So kommt beispielsweise auf eine breitere Schicht aus weißen Bohnen eine dünnere mit gelben Maiskörnern und danach eine mit roten Linsen. Das Glas wird bis kurz unter den Rand mit den verschiedenen Lagen von Hülsenfrüchten gefüllt, die in ihrer Farbgebung einen schönen Kontrast bilden.

Tischsets

Das braucht man
Roten Plakatkarton, weißes Papier, Bleistift, Schablone mit türkischem Halbmond und Stern, Klebstoff, weiße Wollreste, Schere, Locher

So wird's gemacht
Vom roten Karton die Größe eines Tischsets zurechtschneiden. Am seitlichen Rand im Abstand von ca. 1 cm Löcher ausstanzen. Von der Wolle ca. 8 cm lange Fäden abschneiden und diese als Fransen in die Löcher einknüpfen. Mit dem Bleistift und der Schablone den Halbmond und den Stern auf das weiße Papier aufzeichnen und ausschneiden. Mond und Stern auf das Tischset aufkleben.

3. AUF DEM BASAR

Einkaufen auf Türkisch

Einstimmung
Stellen Sie in die Mitte Ihrer Erzählrunde Dinge, die es auf einem türkischen Basar zu kaufen gibt. Zum Beispiel: verschiedene Töpferwaren, einen kleinen Teppich, eine Ledertasche, ein Kistchen mit „Goldschmuck“ (Modeschmuck).

Ein paar Sesamkringel auf einem Tablett (aus dem türkischen Lebensmittelladen) warten darauf, am Ende der Geschichte von den Kindern gegessen zu werden. Denn auch Lena und Lukas genießen auf dem

Basar Sesamkringel. Mit der Betrachtung von Fotos aus Bildbänden können Sie die Vorstellungskraft und das Interesse, mehr zu erfahren, wecken.

Erzählung

Lena und Lukas warten schon aufgeregt auf den Ausflug zum Basar. „Wir wollen Land und Leute kennen lernen," sagt Papa und Mama antwortet: „Ja das Leben hier im Hotel ist ja nicht türkisch." Lena und Lukas hören den Eltern beim ihrem Gespräch zu und sie glauben zu wissen, was Mama und Papa damit meinen. Sie spüren, ein Abenteuer liegt in der Luft, denn sie haben schon allerhand Märchenhaftes über türkische Basare gehört. Der Hotelbus bringt sie ratternd und knatternd ins nächste Städtchen zum Basar. Auf der Fahrt dorthin erzählt ein Führer namens Jusuf, was auf Deutsch Josef heißt, über das Mikrofon: „Hoș geldiniz" (Herzlich willkommen), liebe Gäste. Auf unserer Fahrt werde ich Ihnen nun interessante Dinge erzählen: Sie müssen wissen, ein Basar ist kein Markt für Obst und Gemüse, wie ihn sich die Touristen vorstellen, sondern es gibt dort viele Handwerksgeschäfte, die ihre Waren selbst herstellen. Das Schöne dabei ist, dass man den Handwerkern zusehen kann, wie sie arbeiten."

Der Busfahrer hält direkt vor den Toren des Basars und lässt die Gäste aussteigen. Jusuf bittet sie „Seien sie pünktlich zur Abfahrt wieder hier, Allaha ısmarladık (Auf Wiedersehen) und viel Vergnügen!"

Die Familie schlendert an den vielen Geschäften vorbei und ist erstaunt darüber, was es alles zu sehen gibt. Alle vier nehmen die Gerüche wahr und lauschen dem fremden Stimmengewirr. Lena und Lukas wissen erst gar nicht, wohin sie schauen sollen, so viel gibt es zu entdecken. „Alles ist so anders als bei uns!", stellt Lena fest. „Erst schauen wir uns etwas um, damit wir sehen, was es sonst noch alles gibt und am Schluss entscheiden wir, was wir einkaufen."

In einer Töpferei sehen sie, wie Schalen, Krüge und Vasen gedreht werden und bei einem Weber kann man zusehen, wie kleine Teppiche gewebt werden. „Das sind alles echte Handwerkskünste, die in der Familie weitergegeben werden. Da lernte der Vater einst von seinem

Vater und dann gibt er das Wissen an seine Söhne weiter", erklärt Papa. Besonders angetan ist die Familie von der Goldstraße. In jedem Schaufenster glitzert und funkelt es vor Gold und Edelsteinen. Die Läden sind übervoll damit und sehen aus wie eine große Schatzkiste, in die man hinein gehen kann. „Das ist wie ein Märchenland", sagt Lena und kann sich gar nicht satt sehen an dem kostbaren Schmuck. Auch Lukas findet das viele Gold fantastisch, obwohl er sich sonst nicht für Kettchen interessiert. „Vielleicht können wir uns ein kleines goldenes Kettchen kaufen", sagt Mama zu Lena. „Das mit dem Herzchen würde mir gefallen", meint die Kleine und zeigt auf das Schaufenster. Papa nickt und sagt: „Lasst uns feilschen, die Händler erwarten das." Ein Mann mit einem eleganten Anzug begrüßt die Familie sehr freundlich mit: „Iyi günler, hoş geldiniz", was so viel wie „Guten Tag und herzlich Willkommen!" heißt. Gleich schickt er seinen Gehilfen weg, der eilig mit einem Tablett voller kleiner Gläser mit Goldverzierungen zurückkehrt. Sie sind gefüllt mit duftendem çay. Den Kindern überreicht der Gehilfe köstlichen Apfeltee und sagt „Lütfen!, Lütfen!" („Bitteschön, Bitteschön"). Der Händler kann sehr gut deutsch und so reden die Erwachsenen über Dieses und Jenes, nur nicht über Schmuck. Lena und Lukas wundern sich sehr darüber und beobachten das Geschehen interessiert. Erst eine zeitlang später geht es um den Einkauf und den Preis des Goldes. Der Händler legt die Kettchen immer wieder auf die Waage, in der Türkei kauft man nämlich den Goldschmuck nach Gewicht. Jedes Mal lässt er im Preis etwas nach. Schließlich ist er mit viel weniger Geld, als er am Anfang wollte, zufrieden. Bis Papa endlich die Goldkettchen kauft, die Lena und Mama sich wünschen, ist mittlerweile schon eine Stunde vergangen. „Das nennt man Handeln oder Feilschen", sagt Papa, nachdem die Familie den Laden wieder verlassen hat. Mama ergänzt: „Das ist hier so Sitte, man darf nicht gleich den ersten Preis bezahlen".

Wer glaubt, in einem Basar gibt es nur Waren, der irrt sich. Die Besucher können sich beinahe an jeder Ecke an kleinen Ständen mit Tees und leckerem Essen erfrischen. „Es ist an der Zeit, dass wir irgendwo eine Kleinigkeit essen, die Kinder werden schon hungrig sein," sagt Mama, als sie an einer Ecke einen Jungen sieht, der auf seinem Kopf geschickt ein Tablett mit Sesamkringel jongliert und sie zum Verkauf anbietet. Dabei ruft er immer wieder „Simit, Simit!“ (Sesamkringel). Lena und Lukas interessieren sich mehr für die Jonglierkünste des Jungen als für die Sesamkringel. „Das möchte ich auch können!“, ruft Lukas voller Bewunderung. Papa kauft für alle einen Kringel und der Junge wünscht Ihnen guten Appetit auf türkisch: „Afiyet olsun“!

Besuch auf dem Gewürzmarkt

Einstimmung

Bereiten Sie für die Mitte der Erzählrunde ein kleines Tischen (aus der Puppenecke) mit Gewürzen vor. Arrangieren Sie in Gläsern oder Schälchen die Farbenpracht von Curry neben Paprika, Ingwer, Zimt und Nelken, alles in Pulverform, und legen Sie Zimtstangen und Ingwerknollen, Nelken und Sternanis dazu. Die Kinder riechen daran und beschreiben die Farben der Gewürze. Danach zeigen Sie Fotos aus Bildbänden und Reiseführern von türkischen Gewürzmärkten, bevor sie zur Geschichte überleiten, in der Lena und Lukas mit ihren Eltern einen Besuch in einem türkischen Gewürzbasar machen.

Erzählung

Die kleine Verschnaufpause in einer türkischen Teestube, „çay Bahçesi“, ist nach dem interessanten aber auch anstrengenden Besuch im Basar nötig. Auf niedrigen Sofas, an denen kleine Tische stehen, macht es sich jeder gemütlich. Lena und Lukas erholen sich bei einer Tasse Apfeltee und die Eltern genießen einen kräftigen Schwarztee. „Nun, seid ihr wieder fit?“, fragt Papa in die Runde, „Wir wollen uns doch noch auf dem Gewürzmarkt umschauen, dieses Erlebnis dürfen wir uns nicht entgehen lassen“. Zu Hause im Supermarkt würden sich Lena und Lukas niemals für Gewürze interessieren, aber Papa macht sie richtig neugierig. Auf dem Markt angekommen, weht ihnen ein interessanter, fremdartiger Geruch entgegen. „Wie herrlich das hier riecht Kinder, aus jeder Ecke duftet es anders“, stellt Mama fest und schnuppert dabei mit ihrer Nase in die Luft. Die Händler bieten ihre Gewürze, die aus aller Herren Länder kommen, in großen Schalen, in feingeflochtenen Körben und Säcken an. „Diese Farbenpracht muss ich unbedingt fotografieren“, sagt Papa und Mama meint: „Schade, dass man den Geruch nicht auf das Foto bekommt“, und alle lachen. Dann sieht sich die Familie alles genau an, da gibt es kleine Körner in verschiedenen Brauntönen, Pulver in mehreren Rottönen, auch allerlei Gewürze in unterschiedlichen Gelbtönen. Lena meint, das gelbe Pulver zu erkennen. „Das ist Curry“, sagt sie ganz sicher, denn sie kann sich erinnern, dass sie mit Mama schon einmal Reis mit Curry gekocht hat. Mama und Lena schnuppern daran – „Ja, genau richtig, so riecht Curry“, antwortet Mama erfreut über das Wissen ihrer Tochter. Im Gespräch mit dem Händler erfahren sie, dass er viele verschiedene Currys im Angebot hat und die anderen gelben Gewürze aber Kurkuma und gemahlener Ingwer sind. Sie kaufen hier ein Tütchen mit Ingwerwurzeln, die ganz seltsam aussehen, dort ein paar Gramm Currypulver. „Das ist zum Würzen von Reis und für Hühnerbrüstchen“, erklärt Mama den Kindern. Dann möchte sie unbedingt noch ein Bündel von den Zimtstangen, die so lang wie Bananen sind, kaufen. Sie lässt die Kinder daran riechen und sie erkennen den Duft vom Plätzchenbacken an Weihnachten. „Bei uns zu Hause ist der Zimt aber aus Pulver“, sagt Lukas etwas verwundert. Der Händler erklärt in ein paar deutschen Worten, dass Zimt ursprünglich so aussieht, weil er eigentlich eine Rinde von einem speziellen Baum ist, bevor er dann zu Pulver gemahlen wird. Lena und Lukas wundern sich sehr, wie man das feine Gewürz auf so altmodischen Waagen richtig abmessen kann und sehen genau zu, wie geschickt der Händler das macht. Dann dreht er ganz flink aus Papier kleine Tütchen zum Abfüllen des Pulvers und für den Ingwer, bevor er diese Mama überreicht. Papa bezahlt mit türkischen Lira, aber nicht ohne vorher mit dem Händler zu feilschen.

Dann sieht er auf seine Uhr und wird etwas hektisch: „Oh Kinder, wie die Zeit vergeht! Wir müssen umkehren und uns beeilen, denn der Hotelbus fährt gleich zurück“, sagt er und Mama meint: „Den dürfen wir keinesfalls verpassen! Schade, hier gäbe es noch so vieles zu entdecken.“ Tatsächlich, Jusuf wartet mit seinem Bus schon auf die Ausflugsgäste. „Merhaba! Selam! Keine Hektik bitte, so viel Zeit muss sein. Sie sind hier in der Türkei und nicht in Deutschland. Yavaş, yavaş (langsam, langsam), ich warte doch auf Sie!“, ruft er schon von weitem mit einem freundlichen Lächeln.

TIPPS

Lena und Lukas konnten auf ihrer Reise einen richtigen Basar kennen lernen. Dabei sind sie neugierig geworden auf fremde Waren und insbesondere auf die bunten Gewürze. Den Kita-Kindern macht es großen Spaß, einen türkischen Gemischtwarenladen um die Ecke zu erkunden und dort einzukaufen. Gar manches wird davon in der Kita zum Kochen und Backen gebraucht. Sie staunen auch, wie andersartig das Angebot im Vergleich zu unseren Supermärkten ist. An der Erzieherin liegt es dann, den Kindern klar zu machen, dass die Verwendung von Gewürzen und Kräutern, die Kombination und Zubereitungsweise von Zutaten einen ganz anderen Geschmack ergeben, als ihn die Kinder kennen.

Zur intensiven Schulung der Sinne wird auch aus den eingekauften Gewürzen ein Geruchsspiel selbst hergestellt. Fremde und wenig bekannte Früchte lernen die Kinder in einem Geschmacksspiel kennen und lieben.

An der Kasse beim türkischen Gemischtwarenladen zahlen die Kinder selbst und üben so den Umgang mit Geld. Mit Stoff-Einkaufstaschen, die sie mit türkischen Motiven bemalt haben, können sie mit Stolz die Ware sicher in die Kita bringen. Dort wird in den nächsten Tagen türkisch gekocht und gebacken.

Bewegungsspiel: Sesamkringel-Verkäufer

Zum Straßenbild in der Türkei gehören all die Händler, die Snacks verkaufen. Oft sieht man wie „simit“ angeboten werden, das sind die beliebten Sesamkringel. Männer und Jungen tragen freihändig große runde Tabletts auf dem Kopf, auf denen das leckere Gebäck liegt. Mit ihren Rufen „Siiimiiiit, siiimiiiit! ...“ fordern sie die Passanten zum Kauf auf.

Den Kindern bereitet es großen Spaß, diese Situation nachzuspielen und ein Tablett auf dem Kopf zu balancieren.

Das braucht man
Rundes Tablett oder türkische Backform aus Blech, Sesamkringel (aus dem türkischen Lebensmittelgeschäft)

Spielverlauf
Zunächst balanciert ein Kind nach dem anderen im Stehen das noch leere Tablett auf dem Kopf. Während die Kleinen die Hände zur Hilfe nehmen, versuchen die Großen, das Tablett freihändig zu balancieren. Nach einiger Übung gelingen schon die ersten Gehversuche, denn alle wollen den „Straßenverkäufer“ spielen, der das Tablett mit Sesamkringel trägt. Lautstark bietet der „Händler“ nun seine Ware auf Türkisch oder Deutsch an: „Siiimiiit“ oder „Seeesaaamkriiingeeel“. Die Kinder bedienen sich, bezahlen mit Spielgeld oder pantomimisch und verspeisen dann genüsslich das Gebäck.

Einkaufstaschen bemalen

Das braucht man
Jute-Einkaufstasche, Stoffmalfarbe, Pinsel, Plastikfolie, Anschauungsmaterial

So wird's gemacht
Die Kinder betrachten Bildbände und überlegen sich ein Motiv für ihre Einkaufstasche. Es können beispielsweise grafische Ornamente, eine Stadtsilhouette, Landschaften, Obst und Gemüse aufgemalt werden.

Aus der Plastikfolie ein Stück, so groß wie die Tasche, zurechtschneiden und in die Tasche legen, damit sich beim Malen die Farbe nicht auf die andere Seite durchdrückt.

Motiv aufmalen und trocknen lassen. Tasche auf links ziehen und bügeln (Packungsanleitung beachten).

Besuch im türkischen Gemischtwaren-Laden

Der Besuch eines türkischen Ladens hierzulande vermittelt den Kindern einen interessanten Einblick in das umfangreiche fremdländische Warenangebot, aber auch Bekanntes finden sie vor. Es gibt viel zu schauen und zu staunen und sicher kaufen Sie das eine oder andere auch mit den Kindern ein.

Sprechen Sie mit dem Inhaber des Ladens rechtzeitig über Ihre Idee, mit einer Kindergruppe den Laden aufzusuchen. Vielleicht nimmt sich einer der Verkäufer Zeit, die Kinder herumzuführen und auf ihre Fragen einzugehen. Auf ihrer Entdeckungstour sehen die Kinder in der Verkaufsvitrine große Gläser mit allerlei Gemüse, das in Essig, Kräuter und Knoblauch eingelegt wurde. Eine Vielfalt an Käse wartet neben gefüllten Weinblättern darauf, gekauft zu werden. Daneben, in den

Regalen, entdecken die Kinder große Tüten mit Sonnenblumenkernen und mit verschiedenen Nüssen. Die Kürbiskerne und Kichererbsen sind ihnen vielleicht fremd. Der Reis ist, zum Staunen für die Kinder, nicht wie üblich in bunten Schachteln abgepackt, sondern in riesige Tüten abgefüllt. Die großen Teetüten im Regal daneben gleichen fast schon kleinen Säcken.

In einer Ecke findet man alles, was man zum Kochen eines Türkischen Kaffees und zur Zubereitung von Tee braucht. Da gibt es verschiedene Sorten von türkischem Mokka neben silberfarbenen Teekannen und tulpenförmigen Teegläsern. Die Kinder faszinieren die vergoldeten Mokkatässchen, die neben den langstieligen Töpfen präsentiert werden. Besonders verlockend für die Kinder sind die vielen fremden Süßigkeiten. Helva, bei uns als türkischer Honig bekannt, steht in Konkurrenz mit Lokum, in Puderzucker gewälzte Fruchtgeleewürfel. Beim Anblick der großen Terrinen mit Baklava, einem Gebäck, das sich förmlich in Zuckersirup badet, läuft den Kindern das Wasser im Munde zusammen.

Die Obst- und Gemüseregale reichen von einer Wand zur anderen und bieten alles, was man für eine türkische und deutsche Küche braucht. Stets knackig frisch kommt es aus aller Herren Länder und wird dann im Laden, schön sortiert in kleinen Kisten, stück- oder kiloweise angeboten. Bei ihrem Rundgang werden die Kinder ganz von selbst auf die Idee kommen, den türkischen Laden mit dem ihnen bekannten Supermarkt zu vergleichen. Das viele Schauen und die feinen Gerüche wecken Appetit und so freuen sich die Kinder sicher auf kleine Kostproben. Schließlich kaufen sie ein paar Tüten Leblebi (Kabberzeug), mehrere Simit (Sesamkringel) und Gazoz (beliebte türkische Limonade) und packen alles, nachdem sie selbst bezahlt haben, in ihre Stofftaschen (→ S. 72). Zurück in der Kita werden die türkischen Sets (→ S. 64) auf die Tische gelegt, die Sesamkringel in kleine Stückchen geschnitten und die Leblebi in Schälchen gelegt. Zusammen mit der Limonade und türkischer Musik genießen die Kinder ihren Einkauf und die Erinnerung an den Besuch im türkischen Laden.

Spiel: Geruchskim

In einem orientalischem Land wie der Türkei sind Gewürze das A & O in der Küche. Besuchen Sie mit den Kindern einen türkischen Lebensmittelladen, so werden sie sicher den fremden und interessanten Geruch wahrnehmen.

Bei diesem Ratespiel geht es darum, Gewürzaromen und Gewürze kennen zu lernen, voneinander zu unterscheiden und zu ordnen.

Das braucht man
Für jedes Gewürz 2 Filmdosen, verschiedenfarbige Klebepunkte und Gewürze wie Vanille, Muskat, Nelken, Kreuzkümmel, Zimt, Paprika, Thymian, Minze, Rosmarin, Anis

Das muss man vorbereiten
Bohren Sie mit einem spitzen Gegenstand Löcher in den Dosendeckel. Füllen Sie je zwei Dosen mit dem gleichen Geruch und Inhalt. Kennzeichnen Sie den Dosenboden mit einem gleichfarbigen Klebepunkt. Dieser dient den Kindern zur Kontrolle, ob sie die Gewürze richtig zugeordnet haben.

Spielanregung
Eine zunächst begrenzte Anzahl an Geruchsdosen steht bereit. Jedes Gewürz ist dabei zweimal vertreten. Das Kind wählt eine Dose aus, riecht daran und sucht die Dose mit gleichem Inhalt. Mit einem Blick auf den Dosenboden kann es kontrollieren, ob es die Dosen richtig ausgewählt hat. Nach und nach wird die Anzahl der Dosen erhöht.

Variation
Es wird nach dem Spielprinzip des Memory verfahren. Wer zwei gleiche Gewürze findet, darf die Dosen behalten. Gewinner ist, wer die meisten Dosen zählen kann.

Wer errät die Frucht?

Die Kinder haben bei einem Besuch im türkischen Laden die verschiedensten Früchte gesehen, vielleicht auch für die Kita eingekauft und schon in einem Geschmacksspiel kennen gelernt. Ein bewegungsreiches und lustiges Spiel, das taktisches Vorgehen fördert, vertieft auch die neuen Erkenntnisse über türkische Früchte.

Das braucht man
Früchte auf Karton gemalt oder von Abbildungen ausgeschnitten und aufgeklebt. (Wählen Sie typische Früchte, z.B. Datteln, Feigen, Zitrusfrüchte), Sicherheitsnadel

Spielregel
Die Kinder bilden einen Kreis. Zwei Kinder begeben sich als Spieler in die Kreismitte. Mit einer Sicherheitsnadel wird jedem auf dem Rücken eine Frucht an der Kleidung befestigt. Nun verschränken beide die Arme und versuchen dann die Frucht des Gegenspielers zu erkennen. Dies erfordert einiges an Geschicklichkeit, da man natürlich keinesfalls dem anderen den Rücken zeigen, selbst aber wohl einen Blick auf den Rücken des anderen erhaschen sollte. Wem es als erstes gelingt, die Frucht zu erkennen, geht als Sieger aus diesem Spiel hervor.

4. TÜRKISCHE KÜCHE – TÜRK MUTFAĞI

Lena lernt kochen

Einstimmung

Begrüßen Sie die Kinder wie immer in der türkischen Erzählrunde auf Türkisch. Im Hintergrund läuft türkische Musik vom Band und stimmt die Kinder auf die folgende Aktion ein. Schon beim Erklingen der ersten Töne wissen sie ganz genau, dass sie nun wieder etwas mehr über die Türkei erfahren werden. In der Mitte steht ein kleiner Tisch, auf dem eine Kochmütze und eine Schürze liegen. Auf einem Tablett haben Sie für jedes Kind kleine Stückchen Baklava vorbereitet. Die Kinder schließen die Augen und falten die Hände zu einer Schale. Jedes bekommt eine kleine Kostprobe überreicht, bevor es die Augen wieder öffnet. Alle wünschen sich auf Türkisch „Guten Appetit", „Afiyet olsun". Nachdem die Kinder die türkische Süßspeise probiert und ihre Serviette zurück auf das Tablett gelegt haben, beginnen Sie mit der Geschichte von Lena und Lukas, in der Lena in einem Kochkurs gelernt hat, wie man Baklava zubereitet.

Erzählung

In den nächsten Tagen finden im Hotel türkische Kochkurse statt. Lena und Mama haben sich angemeldet. Den Erwachsenen zeigt ein bekannter türkischer Koch, wie man die heimischen Gerichte besonders fein zubereitet. Für die Kinder ist ein eigener Kochkurs angeboten. Dort wird Türkisch gekocht, und zwar das, was den Kindern besonders schmeckt und was sie später zu Hause ohne große Hilfe zubereiten können. Zwölf Kinder scharen sich um den türkischen Koch. Er sagt den Kindern: „Ich heiße Metin und spreche ein bisschen Deutsch." Er ist sehr groß und etwas rundlich, wahrscheinlich weil er genau so gerne isst, wie er kocht. Im Gesicht trägt er einen Schnauzbart und die langen, pechschwarzen Haare hat er zu einem Pferdeschwanz zusammen gebunden, damit sie ihn nicht beim Kochen stören. Angezogen ist er, wie man sich einen typischen Koch vorstellt, mit Kochjacke, Schürze und einer Kochmütze. Er begrüßt die Kinder mit „SELAM!" und fragt sie nach ihren Namen. „Ist zufällig auch ein Metin, dabei?", fragt er. Nein, es sind alles Kinder mit deutschen, italienischen und englischen Namen, die mit ihm kochen wollen. Alle Kinder lachen, sie finden den Koch sehr nett. Zur Überraschung verteilt er an die Gruppe Kochschürzen und richtige Kochmützen, die genau so aussehen, wie seine. Flink ziehen die Kinder alles an und falls nötig, helfen sie sich gegenseitig. Dabei lernen sie sich schon etwas näher kennen. Metin fragt: „Waschen sich die Kinder zu Hause in Deutschland auch vor dem Kochen und vor dem Essen die Hände?" Alle antworten mit einem „Ja"! – „Und wie heißt das auf Türkisch?", fragt Metin. Einige Kinder

wissen das und rufen im Chor: „Evet!" Eins, zwei drei und gleich ist das Händewaschen vorbei", sagt er, als er die Kinder zum Waschbecken führt. Lena denkt sich: „Der ist aber lustig und gut Deutsch kann er auch". Danach bittet er die Kinder, sich in einer Reihe aufzustellen und die Augen zu schließen. In einem geheimnisvollen Ton sagt er: „So ihr Lieben macht einmal den Mund auf", dann schiebt er jedem Kind ein Stückchen Baklava hinein. „Jetzt dürft ihr die Augen wieder aufmachen und raten, was es ist." Mehrer Kinder erkennen es und natürlich auch Lena, denn sie hat die türkische, zuckersüße Speise schon zu Hause ein paar mal gegessen. „Nun, wir werden jetzt zusammen so viel von dem Baklava zubereiten, wie ihr gar nicht essen könnt", sagt der Koch und lacht übers ganze Gesicht und die Kinder lachen mit. Der Kochkurs geht so lustig weiter, wie er angefangen hat. Während des Backens will Metin mit den Kindern den Esstisch, an dem sie ihre Kochkünste verspeisen werden, dekorieren. Dazu holt er einen großen Korb, in dem türkische Flaggen, eine Tischdecke und Windlichter liegen. Jedes Kind darf etwas heraus holen und dekorieren. Zum gemeinsamen Essen legt er türkische Musik auf. Ein herrlicher Duft weht durch den Raum, als das noch warme Baklava auf den Tisch kommt. Metin teilt Portion für Portion aus und die Kinder genießen es in vollen Zügen. Sie essen so viel, als hätten sie schon lange nichts mehr bekommen. Metin sieht nun, dass die Kinder wirklich satt sind und sagt sehr feierlich: „Wenn eure Mutter für euch gekocht hat und ihr wollt ihr dann eine Freude machen, sagt: „Eline sağlik. Wartet liebe Kinder ich mache euch das vor und ihr könnt es dann gleich üben." Metin faltet die Hände, verbeugt sich und wiederholt: „Eline sağlik". (Deine Hände seien gesegnet.)
Die Kinder wiederholen diesen Spruch einige Male, damit sie ihn sich gut merken können. Dann spricht Metin wieder mit lachendem Gesicht zu den Kindern: „Hier im Hotel dürft ihr das Geschirr stehen lassen, aber zu Hause müsst ihr schon selbst aufräumen, oder?". – „Ja, ja!", rufen die Kinder. „Halt, bevor wir uns verabschieden, stellt euch noch einmal in einer Reihe auf, so wie am Anfang unserer Kochstunde." Dann überreicht er jedem Kind ein Diplom, bei Lena steht: „Lena hat mit großem Erfolg an einem türkischen Kochkurs mit Metin teilge-

nommen". Sie freut sich sehr über diese Auszeichnung und bedankt sich mit „Teşekkür ederim".

Jedes Kind erhält noch das Rezept schriftlich in deutscher Sprache. „Für zu Hause, damit ihr es mit euren Mamas nachkochen könnt – und gutes Gelingen!" sagt Metin. Er verbeugt sich und verabschiedet sich mit dem türkischen Gruß: „Allaha ısmarladık" persönlich bei jedem Kind.

Nach dem Kochkurs findet sich die Familie wieder zusammen. Lena und Mama tauschen voller Begeisterung ihre Erfahrungen aus. Stolz zeigen sie Papa und Lukas ihr Diplom – auch Mama hat eines bekommen. Lukas und Papa sind neugierig und vielleicht auch etwas neidisch weil Lena und Mama gar so schwärmen. „Hoffentlich könnt ihr das zu Hause noch, damit wir auch etwas von eurem Kochkurs haben", sagt Papa etwas schelmisch. Lena sagt zu Lukas: „Wenn du willst, zeige ich dir zu Hause wie man Baklava macht, das ist kinderleicht und schmeckt so lecker." Lukas denkt nach und sagt zu Papa: „Wir Männer könnten doch nächste Woche auch zu diesem Kochkurs gehen, dann lernen wir das selbst und bekommen ebenfalls ein Diplom." Papa schmunzelt und sagt: „Ja mein Junge, das machen wir und dann gibt es bei uns ‚Türkische Wochen'!" Mama zwinkert mit den Augen Lena zu und sagt: „Das wäre schön – und die besseren Köche sind sowieso immer die Männer."

TIPPS

In der Geschichte erleben die Kinder, wie begeistert Lena und ihre Mutter von einem kleinen Türkisch-Kochkurs sind. Sie stecken auch Lukas und Papa damit an. Die Familie nimmt sich vor, zu Hause öfter Türkisch zu kochen und damit das Urlaubsgefühl und die schönen Erinnerungen wach zu halten. Die Kita-Kinder erkennen, dass man auch fremde Speisen relativ leicht selbst herstellen kann und sie nicht fertig kaufen muss. Sie identifizieren sich mit Lena und Lukas und erleben mit dieser Geschichte, dass es Spaß macht etwas Neues auszuprobieren. Ohne Scheu wollen die Kita-Kinder gleich selbst Türkisch kochen und freuen sich natürlich auf das Essen. Der türkische Koch in der Geschichte denkt auch an eine Dekoration, an Tischsitten und natürlich auch ans Aufräumen, was die Kinder dann als Selbstverständlichkeit annehmen werden.

Es lohnt sich, türkische Mütter zu fragen, ob sie Lust dazu haben, mit den Kindern in der Kita ein türkisches Gericht zu kochen. So entsteht ein individueller Kochkurs, der allen Beteiligten Spaß macht und mit einem Festessen in entsprechender Dekoration seinen Höhepunkt findet.

Begeistern Sie die Eltern, Rezepte mit den Lieblingsgerichten der Familie zu sammeln. Aufgeschrieben und zu einem Kochbuch zusammengefasst, ist es nicht nur eine bleibende Erinnerung an genüssliche Stunden, sondern auch eine gute Geschenkidee für liebe Freunde, die gerne kochen und essen. Der erzielte Gewinn aus dem Verkauf dieses ganz persönlichen Kochbuches kommt der Kita zugute.

KLEINE KOCHSCHULE FÜR JUNIORKÖCHE

Bevor es losgeht, dürfen ein paar Vorsichtsmaßnahmen und Erklärungen für die Kinder nicht fehlen. Damit sich die Küchenregeln gut einprägen, werden diese von den Kindern auf einem Plakat aufgemalt oder aufgeschrieben und gut sichtbar für alle im Küchenbereich aufgehängt.

Zehn wichtige Tipps für Köche

1. Wasche vor dem Kochen oder Backen immer deine Hände!
2. Lange Haare müssen mit einem Gummi zusammengebunden werden!
3. Binde eine Schürze um und schiebe deine Ärmel zurück!
4. Gib Acht beim Gebrauch von scharfen Gegenständen (Messer, Reiben, Konserven)!
5. Benutze bei heißen Töpfen und Backformen immer einen Topflappen!
6. Sei vorsichtig mit heißen Flüssigkeiten und Herdplatten!
7. Stelle die Herdplatte kleiner, wenn die Speisen kochen, da sonst das Essen anbrennt oder verkocht!
8. Schaffe immer gleich Ordnung in der Küche, auch während des Kochens.
9. Kontrolliere beim Verlassen der Küche, ob die Herdplatten alle ausgeschaltet sind!
10. Aufräumen muss sein! Gemeinsam geht es schneller!

Küchenschürze aus einer Einkaufstüte

Aus einer Plastik-Einkaufstüte lässt sich schnell und leicht eine Schürze für die Kinder basteln.

Das braucht man
Einkaufstüte aus Plastik, Schere, Bänder zum Binden, Klebeband

So wird's gemacht
Die Tüte an einer Längs- und einer Schmalseite aufschneiden und auseinander falten. Fläche der Länge nach in der Mitte falten und im oberen Drittel so zuschneiden, dass beim erneuten Auseinanderfalten ein Latz entsteht. Für die Bänder vier kleine Löcher in die Schürze schneiden. Zuvor Stelle mit Klebeband verstärken. Die Bänder sollten so lang sein, dass sie sich vorne zubinden lassen.

REZEPTE, DIE KINDER MÖGEN

Fragen Sie die Kinder nach ihren Lieblingsspeisen und ob sie schon einmal türkische Gerichte gegessen haben. Die türkischen Kinder schwärmen von ihren Favoriten und geben Empfehlungen ab. Dann suchen Sie mit den Kindern die Gerichte aus unserem Rezeptteil aus, die sie miteinander kochen werden. Für jedes Kind ist etwas Leckeres dabei. Bei der Zusammenstellung der Rezepte haben wir darauf geachtet, dass bei der Zubereitung die Juniorköche möglichst viel selbstständig bewerkstelligen können. Je nach Alter und Geschick der Kinder ist die Unterstützung mehr oder weniger erforderlich.

Weiterhin war es uns wichtig, nur Gerichte auszuwählen, die Kinder im Allgemeinen mögen.

Unsere Rezepte beziehen sich, wenn nichts anderes angegeben ist, auf vier erwachsene Personen. Da Kinder kleinere Portionen zu sich nehmen oder auch nur probieren wollen, sollte dies bei der Mengenangabe der Zutaten berücksichtigt werden. Auch haben wir daran gedacht, dass vielen nichttürkischen Erwachsenen aber auch Kindern die Nachspeisen und Kuchen zu süß sind und wir haben deshalb den Zucker bei den Mengenangaben schon reduziert.

Ayran – Joghurtgetränk

500 g türkischen Joghurt (10 % Fett) glatt rühren. Nach und nach ¼ Liter sehr kaltes Wasser darunter schlagen oder alles mixen, bis leichter Schaum entsteht. Mit einer Prise Salz und etwas Zitronensaft abschmecken. In vier Gläser füllen, sofort servieren.

Çay – Türkischer Tee

4 TL türkischen Tee in eine Kanne geben, mit etwas kochendem Wasser übergießen, schwenken und die Flüssigkeit sofort abgießen. Dann mit ⅜ Liter kochendem Wasser aufgießen und Teeblätter 7–10 Minuten ziehen lassen. Tee in türkischen Teegläsern servieren und nach Belieben mit heißem Wasser verdünnen. Nach Geschmack süßen.

Kahve – Türkischer Mokka

Pro Tasse 1 gehäuften TL sehr fein gemahlenen türkischen Kaffee mit 1–2 TL Zucker und 1 Mokkatasse Wasser in einem Kupferkännchen oder langstieligen Töpfchen, „cezve“ genannt, verrühren. Zutaten zum Kochen bringen, bis der Kaffee schäumend aufsteigt. Dann den Kaffee mit dem Satz in die Tasse gießen.

Pide ekmek – Türkisches Fladenbrot

Das braucht man
500 g Weizenmehl, Trockenhefe, 1 TL Salz, 250 ml lauwarmes Wasser, 1 TL Olivenöl, Fett für das Blech

Material
Rührschüssel, elektrisches Rührgerät mit Knethaken, sauberes Geschirrtuch, Backbrett, Gabel

So wird's gemacht
Mehl, Trockenhefe und Salz mischen, Wasser zugeben und 3 Minuten kneten. Abgedeckt 30 Minuten an einem warmen Ort ruhen lassen. Noch einmal auf einem Backbrett mit den Händen kräftig durchkneten und einen Fladen formen. Blech einfetten, den Fladen darauf legen. Eine Mulde eindrücken, so dass der Rand dicker ist. Mit der Gabel Löcher einstechen. Zugedeckt 30–45 Minuten ruhen lassen. Backofen auf 200 Grad vorheizen. Fladen mit Olivenöl bestreichen. 10 bis 15 Minuten goldbraun auf der mittleren Schiene backen. Warm schmeckt das Fladenbrot am besten!

Kichererbsenpaste

Ein feiner, vegetarischer Brotaufstrich.

Das braucht man
1 Dose oder 1 Glas Kichererbsen (240 g Abtropfgewicht), 7 EL Zitronensaft, 2 Knoblauchzehen, 100 g Tahin (Sesampaste aus dem Glas), 3 El Olivenöl, 1 TL gemahlener Kreuzkümmel, ½ TL mildes Paprikapulver, Salz, 3 Salatblätter und einige Petersilienblättchen, ½ TL Pul Biber (Paprikaflocken)

So wird's gemacht
Die Kichererbsen in ein Sieb schütten, mit kaltem Wasser abbrausen und abtropfen lassen. 1 EL Kichererbsen beiseite nehmen, den Rest mit 6 EL Zitronensaft fein pürieren. Den Knoblauch schälen und dazu pressen. Tahin, 2 EL Öl, Kreuzkümmel, Paprika und ½ TL Salz unterrühren.

Falls die Creme nicht sämig genug ist, esslöffelweise Wasser dazu geben. Creme mit restlichem Saft und Gewürzen abschmecken. Mit den Salat- und Kräuterblättern anrichten. Restliche Kichererbsen darauf verteilen. 1 EL Öl mit Pul Biber verrühren und darüber träufeln.

Joghurt selbst gemacht

Joghurt spielt in der türkischen Küche eine wichtige Rolle. Von der milden Sorte ist er aus Kuhmilch und in der würzigen Variante aus Schafsmilch. Er enthält ca. 10 % Fett und ist dicker als der bei uns erhältliche Joghurt. Für Kinder ist es ein besonderes Erlebnis, Joghurt selbst herzustellen. Er ist nicht ganz so fest wie fertig gekaufter, schmeckt aber sehr gut.

So wird's gemacht
1 Liter frisch abgekochte Milch oder H-Milch auf eine Temperatur von ca. 40 Grad erwärmen und in eine Schüssel füllen. Ein Becher (175 g) Natur-Joghurt einrühren. Schüssel abdecken und in ein Tuch wickeln. Über Nacht stehen lassen, dann Joghurt in den Kühlschrank stellen.

Gurken-Joghurt

Das braucht man
500 g Salatgurke, 300 g türkischer Schafmilch-Joghurt (6 % Fett), 2 Knoblauchzehen, Salz, 2 EL Dill, 2 EL Salatöl

So wird's gemacht
Gurke waschen, putzen und mit Schale grob raspeln. In einem Sieb gut ausdrücken. Joghurt glatt rühren, Knoblauch schälen und dazu pressen. Gurke untermischen. Gurken-Joghurt mit Salz abschmecken. Dill hacken. Joghurt mit Öl beträufeln, mit Dill bestreuen. Leicht gekühlt servieren.

Paşa Salatası (Pascha-Salat)

Das braucht man
500 g Kartoffeln, 3 Eier, 1 Bund Petersilie, 1 Bund Frühlingszwiebeln, Saft von 1 Zitrone, Salz, Pfeffer

So wird's gemacht
Die Kartoffeln waschen und mit der Schale gar kochen. Die Eier ebenfalls hart kochen. Die Petersilie waschen und fein hacken. Die Frühlingszwiebeln putzen, waschen und in feine Ringe schneiden. Die Kartoffeln abgießen, kalt übergießen, pellen und in grobe Würfel schneiden. Die Eier ebenfalls abgießen, abschrecken, die Schale entfernen und Eier klein scheiden. Alles miteinander vermengen, mit Zitronensaft begießen und mit Salz und Pfeffer abschmecken.

Ton Balıklı Bezelye Salatası (Thunfisch-Erbsen-Salat)

Das braucht man
1 Glas Erbsen, 1 Dose Thunfisch in Öl, 1 Dose Mais, 100 g Essiggurken, 2 kleine Zwiebeln, 250 g Majonäse, 50 ml Milch, Salz

So wird's gemacht
Erbsen, Thunfisch und Mais abgießen und abtropfen lassen. Die Gurken klein schneiden. Die Zwiebeln schälen und fein hacken. Alle

Zutaten miteinander vermengen. Majonäse, Milch und Salz verrühren, über den Salat geben, kurz unterrühren und servieren.

Domates Dolması (Gefüllte Tomaten)

Das braucht man
8 mittelgroße Tomaten, 1 Zwiebel, 2 EL Öl, 120 g Patna-Reis, 2 EL Pinienkerne, 1 EL Korinthen, 1 TL getrocknete Minze, Salz, Pfeffer, 1 EL Butter 150 ml Gemüsebrühe

So wird's gemacht
Die Tomaten waschen und jeweils einen kleinen Deckel abschneiden. Tomaten aushöhlen. Zwiebel schälen und in feine Würfel schneiden. Das Öl erhitzen, Zwiebel und Reis darin andünsten. Pinienkerne, Korinthen und Minze dazugeben, kräftig salzen und pfeffern. Alles mit Wasser knapp bedecken. Aufkochen und den Reis zugedeckt bei schwacher Hitze fertig garen lassen. Die Reismasse in die Tomaten füllen, diese in einen Topf geben und die Tomatendeckel auflegen. Mit Butterflöckchen belegen und die Brühe dazugießen. Aufkochen und zugedeckt bei schwacher Hitze 20–30 Minuten schmoren lassen.

Domatesli Şehriye Çorbası (Nudelsuppe mit Tomaten)

Das braucht man
100 g geschälte Tomaten aus der Dose, 2 EL Butter, 1 l Fleischbrühe, 100 g Suppennudeln, Salz, Pfeffer, 1 kleiner Bund Petersilie

So wird's gemacht
Saft von Tomaten abgießen und abtropfen lassen. Die Tomaten in kleine Würfel schneiden. Die Butter in einem Topf zerlassen, die Tomaten darin andünsten. Die Fleischbrühe dazugeben und aufkochen lassen. Dann die Nudeln in die Brühe geben, mit Salz und Pfeffer

abschmecken. Auf kleiner Hitze langsam ziehen lassen. Die Petersilie waschen und fein hacken. Wenn die Nudeln gar sind, die Suppe in eine Suppenschüssel füllen und mit der Petersilie garnieren.

Sigara Böreği (Blätterteigröllchen mit Käsefüllung)

Böreks sind eine knusprige Vorspeise und werden mit den Händen gegessen. Im Original sind sie mit würzigem Schafskäse gefüllt. Dies ist nicht jedermanns Geschmack, deshalb für Kinder folgende mildere Variante mit Frischkäse.

Für 8 bis 10 Stück braucht man
Handelsüblichen Frisch-Blätterteig, 200 g Frischkäse, Doppelrahmstufe, Paprikapulver, 1 Bund Petersilie, Eiweiß

Material
Backbrett, Backpinsel, Tasse für Eiweiß, kleine Schüssel für Käsefülle, Schneidebrett, Teigrädchen, Schablone für Dreiecke von ca. 10 cm Breite und 12 cm Höhe.

So wird's gemacht
Petersilie waschen, trocken tupfen und fein hacken. Für die Käsefüllung Frischkäse in die kleine Schüssel geben, mit der Gabel zerdrücken und mit Kräutern und Paprika vermischen.

Frisch-Blätterteig nach Packungsanweisung auf dem Backbrett entrollen und mit Hilfe der Schablone Dreiecke ausschneiden. Für die sogenannte Zigarettenform auf die breiten Seiten der Teigdreiecke etwas Käsefüllung geben. Die Ränder mit Eiweiß bestreichen und die Teigenden rechts und links etwas über die Füllung schlagen. Den Teig mit der Füllung wie Zigaretten bis zur Spitze hin zusammenrollen.

Käseröllchen mit dem Backpapier auf das Backblech geben. Herd auf 220 Grad vorheizen und Röllchen ca. 12 Minuten backen. Als Beilage schmeckt gemischter Salat.

Köfte (Hackbällchen)

Das braucht man

1 Brötchen vom Vortag, 60 g geriebene Walnüsse, 5 EL Zitronensaft, 6 EL Öl, 2 Knoblauchzehen, 4 EL Fleischbrühe, Salz, 1 Schalotte, 250 g Rindhackfleisch, 6 Stängel glatte Petersilie, weißer Pfeffer

So wird's gemacht

Das Brötchen in Wasser einweichen, anschließend ausdrücken. Die Hälfte davon mit Walnüssen, Zitronensaft und 4 EL Öl cremig rühren. 1 Knoblauchzehe schälen und dazupressen. Falls nötig, die Sauce mit Fleischbrühe esslöffelweise hinzufügen, sämig rühren und mit Salz abschmecken.

Schalotte und den restlichen Knoblauch schälen, sehr fein würfeln. Petersilie waschen, fein hacken. Alles mit dem Hackfleisch und dem übrigen ausgedrückten Brötchen gründlich verkneten. Mit Salz und Pfeffer abschmecken.

Aus der Hackfleischmasse mit angefeuchteten Händen walnussgroße Kugeln formen. Restliches Öl in der Pfanne erhitzen und Köfte bei mittlerer Hitze in 10–12 Minuten rundum braun braten.

Als Beilage schmeckt Fladenbrot und gemischter Salat.

Mücver (Zucchinipuffer)

Das braucht man

500 g Zucchini, Salz, 3 Frühlingszwiebeln, ½ Bund Petersilie, 3 Zweige Minze oder Dill, 50 g geriebener Kasar Peyrini (ersatzweise Greyerzer), 2 Eier, 50 g Mehl, schwarzer Pfeffer, 6–7 EL Öl zum Braten

So wird's gemacht

Die Zucchini waschen, putzen und raspeln. Mit ½ TL Salz mischen, 10 Minuten Saft ziehen lassen. Inzwischen die Frühlingszwiebeln waschen, putzen und in dünne Ringe schneiden. Die Kräuter waschen, trocken schütteln, fein hacken.

Zucchini in ein Sieb geben und gut ausdrücken. Dann mit Zwiebeln, Käse, Kräutern, Eiern und Mehl verrühren. Mit Salz und Pfeffer abschmecken.

In einer großen beschichteten Pfanne etwas Öl erhitzen. Portionsweise kleine Puffer aus jeweils 1 gehäuften El Zucchinimasse hineinsetzen. Von jeder Seite bei mittlerer Hitze in 4 Min. goldgelb braten. Puffer auf Küchenpapier abtropfen lassen. Heiß oder kalt mit Gurken-Joghurt servieren.

Lahmacun (Pizza mit Hackfleisch)

Zutaten für den Hefeteig

500 g Mehl, 30 g frische Hefe oder 1 Päckchen Trockenhefe, 4–6 EL Milch, 2 Eier, 6 EL Butter, ½ TL Salz, 2 TL Zucker,

Zutaten für den Belag

1 mittelgroße Zwiebel, 1 kleine Dose geschälte Tomaten, ein Bund Petersilie, 500 g Rinderhackfleisch, Salz, Pfeffer, Rosenpaprika

Zubereitung
Das Mehl in eine Teigschüssel sieben, eine Mulde hineindrücken und die Hefe hinein bröckeln. Lauwarme Milch, verquirlte Eier und 4 Esslöffel weiche Butter dazugeben. ½ TL Salz und 2 TL Zucker auf das Mehl streuen. Aus diesen Zutaten einen Hefeteig kneten.

Den Teig in eigroße Stücke aufteilen und 20 Minuten unter einem feuchten Tuch bei Zimmertemperatur ruhen lassen. Inzwischen Zwiebel schälen und fein hacken. Tomaten im Sieb abtropfen lassen und in kleine Stücke schneiden. Die Petersilie waschen und fein hacken. Alles mit dem Hackfleisch verkneten, salzen und pfeffern. Rosenpaprika zugeben.

Die Teigstücke ½ cm dick in ovaler Form, ähnlich einem Schiff, ausrollen und auf ein mit der restlichen Butter ausgepinseltes Backblech setzen. Die Hackfleischmischung auf dem Teig verteilen und das Ganze nochmals 10 Minuten gehen lassen. Im vorgeheizten Backofen bei 180 Grad ca. 25 Minuten backen, bis die Teigränder eine hellbraune Farbe angenommen haben.

Baklava

Zum Zuckerfest darf diese Süßspeise des Orients keinesfalls fehlen.

Das braucht man
2 Packungen handelsüblicher Frisch-Blätterteig, 200 g Mandeln, 200 g Walnüsse, 200 g Zucker, ½ l Wasser

So wird's gemacht
Auflaufform fetten und mit Blätterteig auslegen, die Mandeln und Walnüsse grob hacken. Die Hälfte der Nüsse gleichmäßig auf dem Blätterteig verteilen. Eine zweite Schicht Blätterteig darüber legen. Die restliche Nussmischung bis auf einen kleinen Rest auf den Blätterteigplatten verstreichen. Das Ganze mit einer letzten Blätterteigschicht abdecken.

Mit dem Messer 5 cm große Quadrate schneiden. Die Pastete etwa 20 Minuten bei 180 Grad im Herd goldbraun backen. Die Pastetenstücke mit der restlichen Nussmischung garnieren.

Für den Sirup:

500 ml Wasser mit 200 gr. Zucker kurz aufkochen. Den warmen Sirup über die erkaltete Pastete gießen.

Irmik Helvası (Grießhalva)

Das braucht man
50 g Butter, 50 g gemahlene Haselnüsse, 150 g Hartweizengrieß, 1 unbehandelte Zitrone, 500 ml Milch, 100 g Zucker, 250 g Früchte der Saison

Material
Topf, kleines Reibeisen, Zitronenpresse, Rührlöffel, kleine Kastenform, Klarsichtfolie, Sieb

So wird's gemacht
Die Butter in einem breiten Topf erhitzen. Nüsse und Grieß darin bei schwacher Hitze goldgelb rösten. Den Topf vom Herd nehmen. Die Zitrone heiß abwaschen und die Schale fein abreiben. Die Zitrone auspressen. Zitronenschale, Milch und 50 g Zucker in die Nuss-Grieß-Masse einrühren. Bei schwacher Hitze so lange rühren, bis sich die Masse leicht vom Topfboden löst. Eine kleine Kastenform kalt ausspülen und mit Klarsichtfolie auslegen. Die Grießmasse einfüllen und für mindestens 3 Stunden kalt stellen. In einem Topf 50 g Zucker mit 100 ml Wasser 10 Minuten kochen lassen. Zitronensaft in den Sirup gießen. Grießhalva aus der Form stürzen, Folie entfernen und die Halva in Scheiben schneiden. Mit den Früchten der Saison anrichten und mit Zitronensirup übergießen.

Gefüllte Aprikosen

Das braucht man

Getrocknete, weiche Aprikosen, Sahnequark (40 % Fett), Honig, Walnüsse gehackt

So wird's gemacht

1 Teil Honig mit 1 Teil heißem Wasser vermischen und Aprikosen in Honigwasser ca. 2 Stunden einweichen. Aprikosen aus dem Honigwasser nehmen, waagrecht durchschneiden und mit dem Quark füllen. Aprikosen auf eine Platte schichten. Walnüsse in der Pfanne vorsichtig anrösten. Herd ausschalten und in die nicht mehr heiße Pfanne Honig geben und mit den Nüssen vermischen. Honig-Nuss-Mischung mit einem Löffel über die mit Quark gefüllten Früchte geben und servieren.

Süße Feigen

Das braucht man

30 getrocknete Feigen, 250 g grob gehackte Walnüsse, 100 g gehackte Pistazien, 200 g Zucker

So wird's gemacht

Die Feigen waschen und über Nacht in Wasser einweichen. Das Wasser abschütten, die Feigen abtrocknen und in der Mitte einschneiden. Die Feigen mit den Walnüssen füllen und in eine Auflaufform legen. In einem Topf 150 ml Wasser mit Zucker aufkochen, in 10 Minuten zu einem dickflüssigen Sirup kochen und dann auf die Feigen geben. Die Feigen im vorgeheizten Backofen bei 150 Grad ca. 30 Minuten backen, bis sie eine rosige Farbe angenommen haben. Aus dem Herd nehmen und mit den Pistazien bestreuen. Kalt servieren.

Dattelplätzchen

Das braucht man

375 g Mehl, 75 g Zucker, 150 g Butter, 2 EL Rosenwasser (türkisches Lebensmittelgeschäft oder Apotheke), 250 g Datteln ohne Steine, 3 TL Butter

So wird's gemacht

Mehl und Zucker vermischen. Die Butter in Flöckchen dazugeben und verkneten. Das Rosenwasser mit 60 ml Wasser mischen und zum Teig geben. Alles verkneten, bis ein Mürbeteig entsteht. Teig 30 Minuten in den Kühlschrank stellen. Datteln klein schneiden und mit etwas Butter im Topf andünsten, bis sie weich sind. Abkühlen lassen.

Vom Teig walnussgroße Stücke formen, jeweils in die Mitte etwas Dattelmasse drücken und wieder verschließen. Die Plätzchen auf ein gefettetes Backblech geben und bei 180 Grad etwa 30 Minuten backen.

Yoğurtlu Kek (Joghurtkuchen)

Das braucht man

2 Eier, Salz, 150 g Zucker, 50 g Butter, 250 g türkischer Joghurt, Schale und Saft von einer unbehandelten Zitrone, ¼ TL Vanilleextrakt, ½ Päckchen Backpulver, 200 g Weichweizengrieß, Butter für die Form, 2 EL Semmelbrösel, 2 EL Pistazien

So wird's gemacht

Die Eier mit 1 Prise Salz und 100 g Zucker sämig rühren. Die Butter zerlassen und mit Joghurt, Zitronenschale, Vanilleextrakt unter die Eier rühren. Backpulver und Grieß vermischen und unterheben. Eine ofenfeste Form (ca. 15 x 12 cm) mit Butter einpinseln und mit Semmelbröseln ausstreuen. Den Backofen auf 175 Grad vorheizen. Den Teig in die Form füllen und bei 160 Grad ca. 30 Minuten goldgelb backen. Den übrigen Zucker mit 100 ml Wasser zu einem Sirup kochen. Den Zitronensaft durch ein Sieb gießen und dazugeben. Abkühlen lassen. Nach der Backzeit den Kuchen aus dem Herd nehmen und kurz auskühlen lassen. Mit einer Gabel einige Löcher einstechen und den Sirup über dem Kuchen verteilen. Pistazienkerne fein hacken und über den Kuchen streuen.

Türkische Flaggentorte

Das braucht man
Joghurtkuchen, Zuckerguss, fertiges Back-Marzipan, Plätzchenausstecher in Form eines Halbmondes und eines Sternes oder Schablonen

So geht es
Als Grundrezept verwenden Sie den Joghurtkuchen von oben oder einen beliebigen Rührteig.

Den Teig in eine rechteckige Backform füllen oder auf ein Blech streichen, damit Sie die Form einer Flagge erzielen.

Nach dem Auskühlen den Kuchen nicht wie oben mit Sirup tränken, sondern mit einem rot gefärbten Zuckerguss (Lebensmittelfarbe) bepinseln. Marzipan ausrollen, Mond und Stern ausstechen. Auf dem noch etwas weichen Zuckerguss wie bei einer türkischen Flagge anordnen und leicht andrücken.

Variante
Jedes Kind macht seine eigene kleine Flagge, wenn Sie den Kuchen in viele kleine Rechtecke schneiden und die Kinder ihre Stücke mit Halbmond und Stern verzieren.

Rezept für Zuckerguss
2 Eiweiß, 400 g Puderzucker, etwas Lebensmittelfarbe, etwas Zitronensaft

Mit dem Handrührgerät Eiweiß steif schlagen, den gesiebten Puderzucker unterrühren, bis ein dicker Guss entsteht. Soviel Lebensmittelfarbe zugeben bis der gewünschte Rotton erzielt ist, Zitronensaft hinzugeben und vorsichtig unterrühren.

Çay – Das Teelied

Text und Musik: trad. Türkei;
Bearbeitung Text: D. Färber; Musik: B. Gullatz/D. Färber

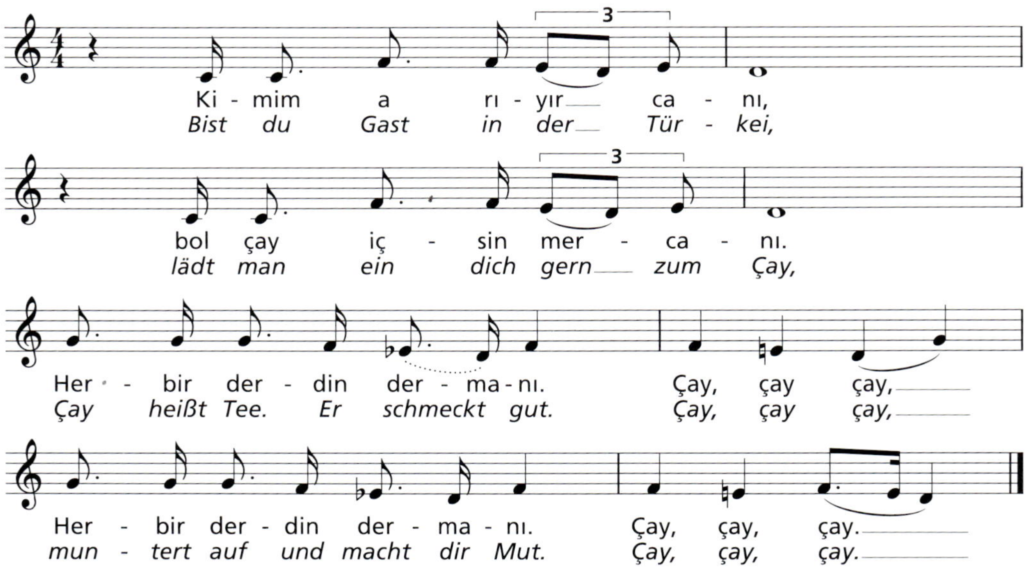

(Hartmut E. Höfele/Susanne Steffe, „Europa in 80 Tönen“, ISBN 3-931902-87-0, 2. Aufl., 2002, Ökotopia-Verlag, Münster)